GW01375046

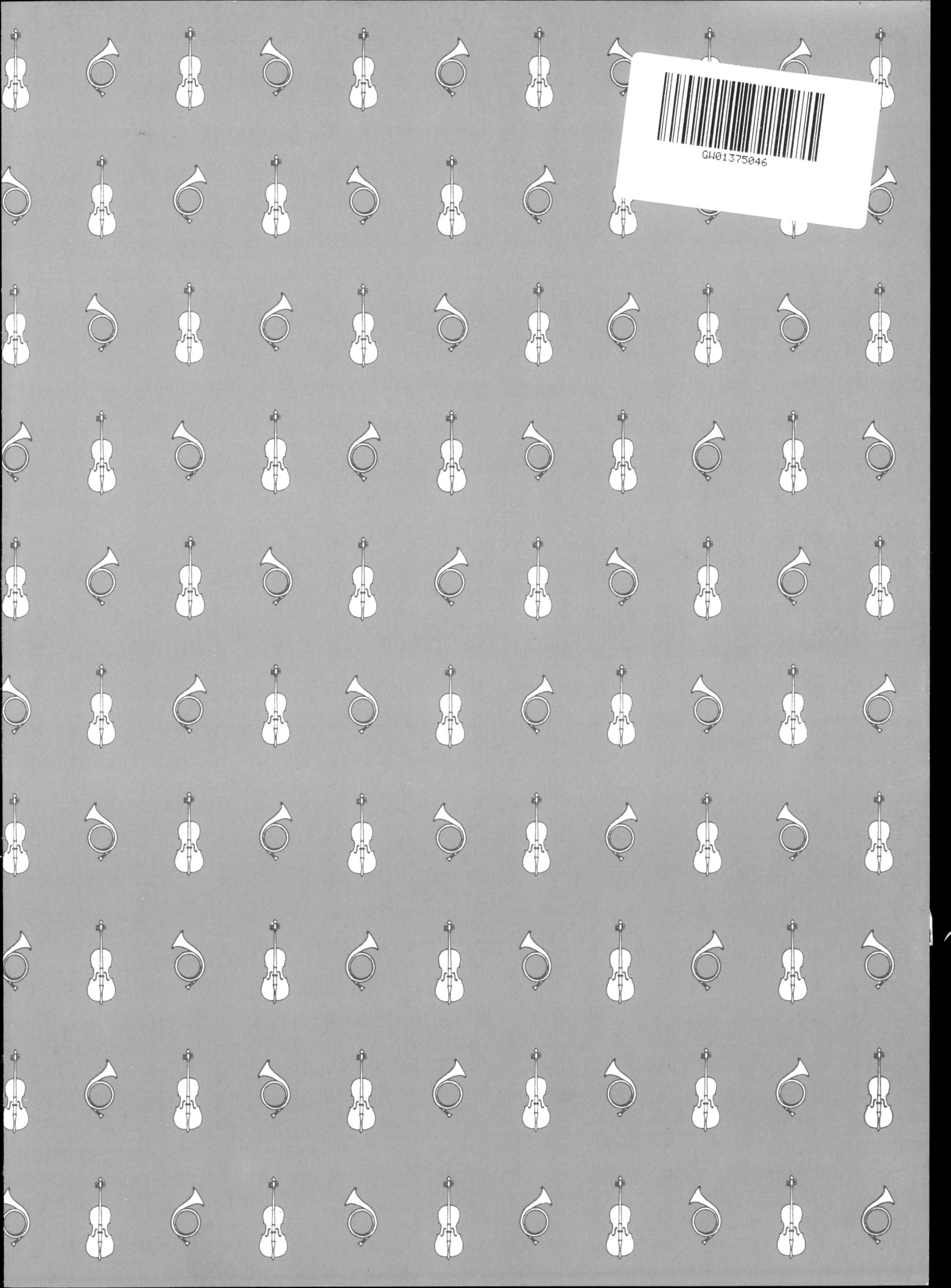

LLYFRAU 👁 LLYGAD-DYST

CERDDORIAETH

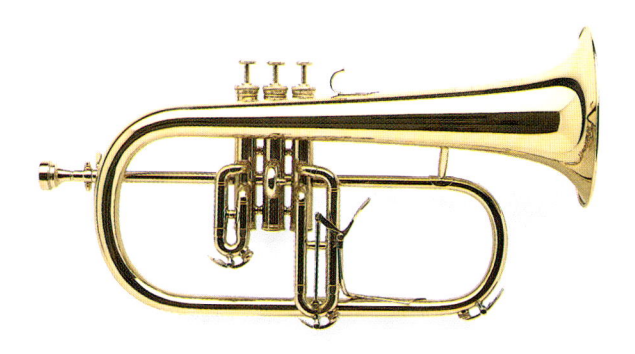

Tambwrîn

Triongl

Kantele o'r Ffindir, 19eg ganrif

Ffliwt draws Indiaidd

Ffliwt Seisnig bedwar-nodyn, c.1811

Liwt o Foroco â phlectrwm bluen

Ffidl boced Almaenaidd o'r 17eg ganrif

Ocarina Almaenaidd o'r 19eg ganrif

Drwm pelenni

Sihu (ffidl sbigyn) Chineaidd a bwa o'r 19eg ganrif

Cetyn ceg tiwba

Cetynnau ceg corn ac utgorn

LLYFRAU 👁 LLYGAD-DYST

CERDDORIAETH

Ysgrifennwyd gan
NEIL ARDLEY

Shakuhachi Japaneaidd (ffliwt rhicyn)

Chwibanogl glai Bortiwgeaidd

Maracas pren

Drwm rhuglen Indiaidd o Ogledd America

Corn chwyth-ochr ifori o'r Congo

Ffidl boced Seisnig o'r 18fed ganrif

Tafodau ifori Eifftaidd, c.1430 CC

Pibau Pan o Ynysoedd Solomon

GWASG PRIFYSGOL CYMRU
CAERDYDD

Corn post, 19eg ganrif

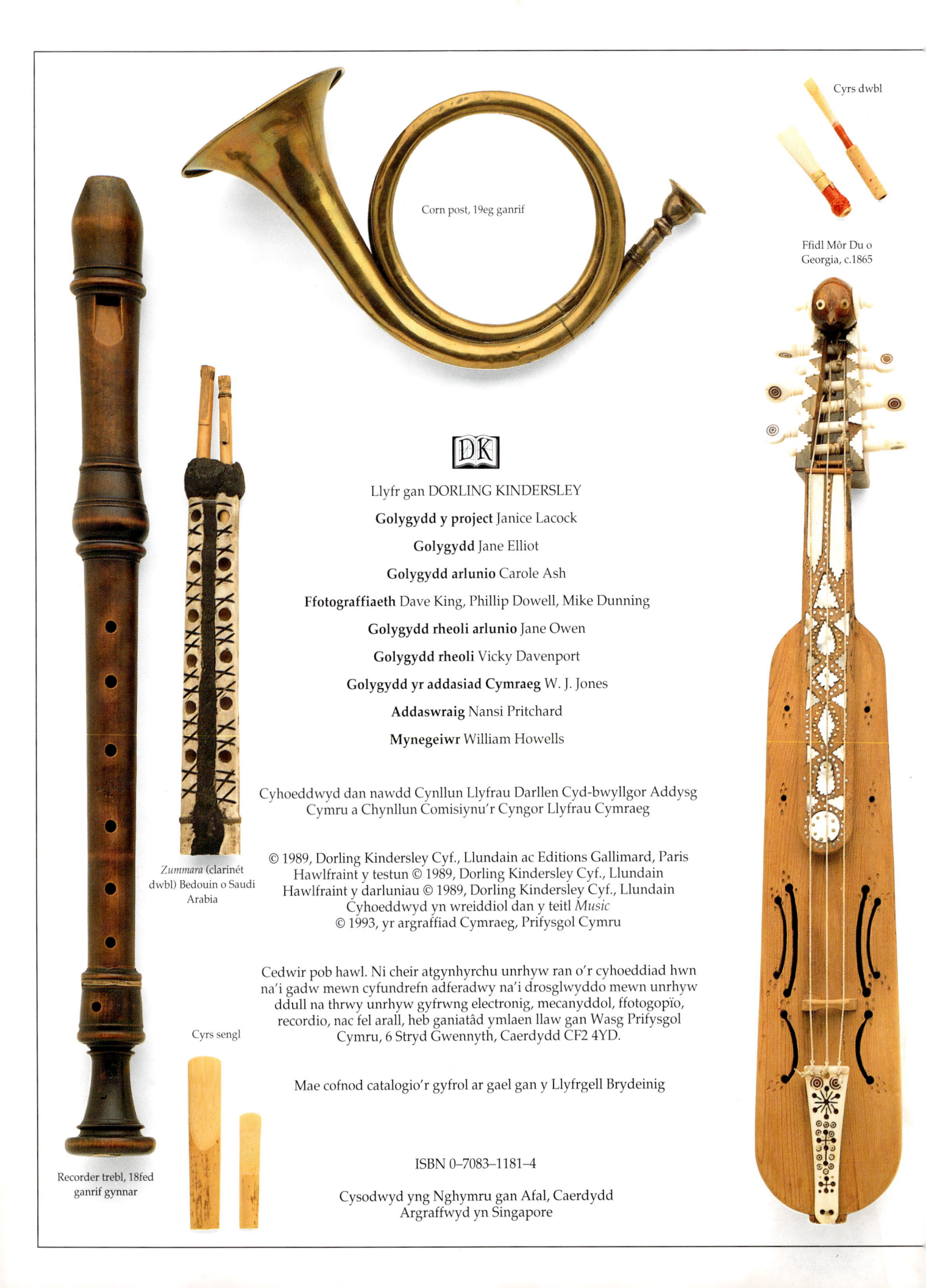

Cyrs dwbl

Ffidl Môr Du o Georgia, c.1865

DK

Llyfr gan DORLING KINDERSLEY

Golygydd y project Janice Lacock

Golygydd Jane Elliot

Golygydd arlunio Carole Ash

Ffotograffiaeth Dave King, Phillip Dowell, Mike Dunning

Golygydd rheoli arlunio Jane Owen

Golygydd rheoli Vicky Davenport

Golygydd yr addasiad Cymraeg W. J. Jones

Addaswraig Nansi Pritchard

Mynegeiwr William Howells

Cyhoeddwyd dan nawdd Cynllun Llyfrau Darllen Cyd-bwyllgor Addysg Cymru a Chynllun Comisiynu'r Cyngor Llyfrau Cymraeg

© 1989, Dorling Kindersley Cyf., Llundain ac Editions Gallimard, Paris
Hawlfraint y testun © 1989, Dorling Kindersley Cyf., Llundain
Hawlfraint y darluniau © 1989, Dorling Kindersley Cyf., Llundain
Cyhoeddwyd yn wreiddiol dan y teitl *Music*
© 1993, yr argraffiad Cymraeg, Prifysgol Cymru

Cedwir pob hawl. Ni cheir atgynhyrchu unrhyw ran o'r cyhoeddiad hwn na'i gadw mewn cyfundrefn adferadwy na'i drosglwyddo mewn unrhyw ddull na thrwy unrhyw gyfrwng electronig, mecanyddol, ffotogopïo, recordio, nac fel arall, heb ganiatâd ymlaen llaw gan Wasg Prifysgol Cymru, 6 Stryd Gwennyth, Caerdydd CF2 4YD.

Mae cofnod catalogio'r gyfrol ar gael gan y Llyfrgell Brydeinig

ISBN 0–7083–1181–4

Cysodwyd yng Nghymru gan Afal, Caerdydd
Argraffwyd yn Singapore

Zummara (clarinét dwbl) Bedouin o Saudi Arabia

Cyrs sengl

Recorder trebl, 18fed ganrif gynnar

Cynnwys

6
Gweld sain
8
Twnelau gwynt
10
Pibau a ffliwtiau
12
Cyrs dirgrynol
14
Tipyn o gymysgedd
16
Sain meginau
18
Cerddoriaeth bibau
20
Tarddiad pres
22
Pres yn ei anterth
24
Cyrn cyrliog a thiwbâu mawr
26
Torri'r tawelwch
28
Tannau cynnar ac anarferol
30
Teulu'r feiolin
32
Adeiladu feiolin
34
Telynau a lyrâu
36
O ellyg i bysgod cyflawn
38
O gicaion i fwrdd

40
Tannau India
42
Creu gitâr
44
Cyweirnodau
46
Pianos traws a syth
48
Gwrthdaro cerddorol
50
Defod a rhythm
52
Curiad cyson
54
Apêl yr adran daro
56
Clang, crash, bang
58
Cerddoriaeth drydanol
60
Gitarau roc
62
Cerddoriaeth peiriant
64
Mynegai

Castanetau

Flageolet Ffrengig o'r 18fed ganrif

Gweld sain

CALIDOSGOB O SEINIAU yw byd cerdd. Mae'n hawdd gweld sut mae'r rhan fwyaf o offerynnau'n gwneud y gwahanol fathau o sain. Mae chwythu ffliwt yn amlwg yn rhoi sain hollol wahanol i guro ar ddrwm. Ond does dim rhaid gwylio rhywun yn eu chwarae i wahaniaethu rhwng ffliwt a drwm, neu unrhyw offeryn arall – gallwch adnabod y seiniau. Mae rhan o'r offeryn yn dirgrynu'n gyflym yn ôl a blaen wrth iddo gael ei chwarae. Mae'r dirgryniad yn cynhyrchu seindonnau yn yr aer, a'r rheini'n cyrraedd ein clustiau. Er mai bychain yw'r tonnau, maent yn achosi newidiadau chwim yn y gwasgedd aer ar yr un raddfa â dirgrynu'r offeryn. Mae gan seindon pob offeryn ei fath ei hun o newidiadau gwasgedd. Mae'n bosibl eu dangos mewn llinellau crwm a chribog o'r enw ffurfdonnau (de). Patrwm arbennig y dirgryniad yn yr offeryn sy'n creu pob ffurfdon. Mae sŵn cerddoriaeth yn peri i'r drwm clust ddirgrynu yn yr un patrwm â'r offeryn. Mae'r ymennydd yn dehongli'r dirgryniadau a ninnau'n medru dweud pa offeryn sy'n cael ei chwarae.

TRAWFFORCH
Mae trawfforch yn cynhyrchu sain bur iawn, y pigau'n dirgrynu'n gyson i greu sain â ffurfdon grom iddi. Cyflymder y pinaclau'n mynd heibio sy'n rhoi'r traw ac mae dirgryniadau cyflymach yn cynhyrchu nodyn uwch.

FEIOLIN
Ffurfdon gribog sydd i'r sain lachar a ddaw o'r feiolin. Mae'r sain feiolin a gawn yma'r un traw â'r drawfforch. Oherwydd hyn, mae pinaclau'r tonnau sy'n cael eu cynhyrchu gan y feiolin yr un pellter oddi wrth ei gilydd ac yn mynd heibio ar yr un cyflymder â rhai'r drawfforch.

FFLIWT
Mae'r ffliwt yn chwarae'r un nodyn â'r drawfforch a'r feiolin. Mae ffurfdon ei sain yn fwy crwm na chribog gan fod y ffliwt yn cynhyrchu sain burach, feddalach na'r feiolin, heb ddim ond arlliw o ddisgleirdeb. Er hynny, mae pinaclau'r ffurfdon yr un pellter oddi wrth ei gilydd ac yn mynd heibio ar yr un cyflymder.

Cerddorion canoloesol ger cadeirlan mewn llyfr oriau Fflemeg

GONG
Mae taro gong neu symbal yn peri iddo ddirgrynu mewn patrwm afreolaidd. Ffurfdon gribog, ar hap bron, sydd i sain y taro. Clywn ffurfdonnau o'r fath fel sŵn heb ddim, neu fawr ddim, traw y gallwch ei adnabod.

TONNAU CYFUNOL
Pan fydd pobl yn chwarae mewn grŵp mae seindonnau eu hofferynnau'n cyfuno. Mae'r glust yn derbyn y seindonnau cyfunol a'r drwm clust yn dirgrynu i batrwm sain. Eto, gall ein hymennydd wahaniaethu rhwng seiniau'r gwahanol offerynnau.

Pinacl ton yn dangos y gwasgedd aer uchaf

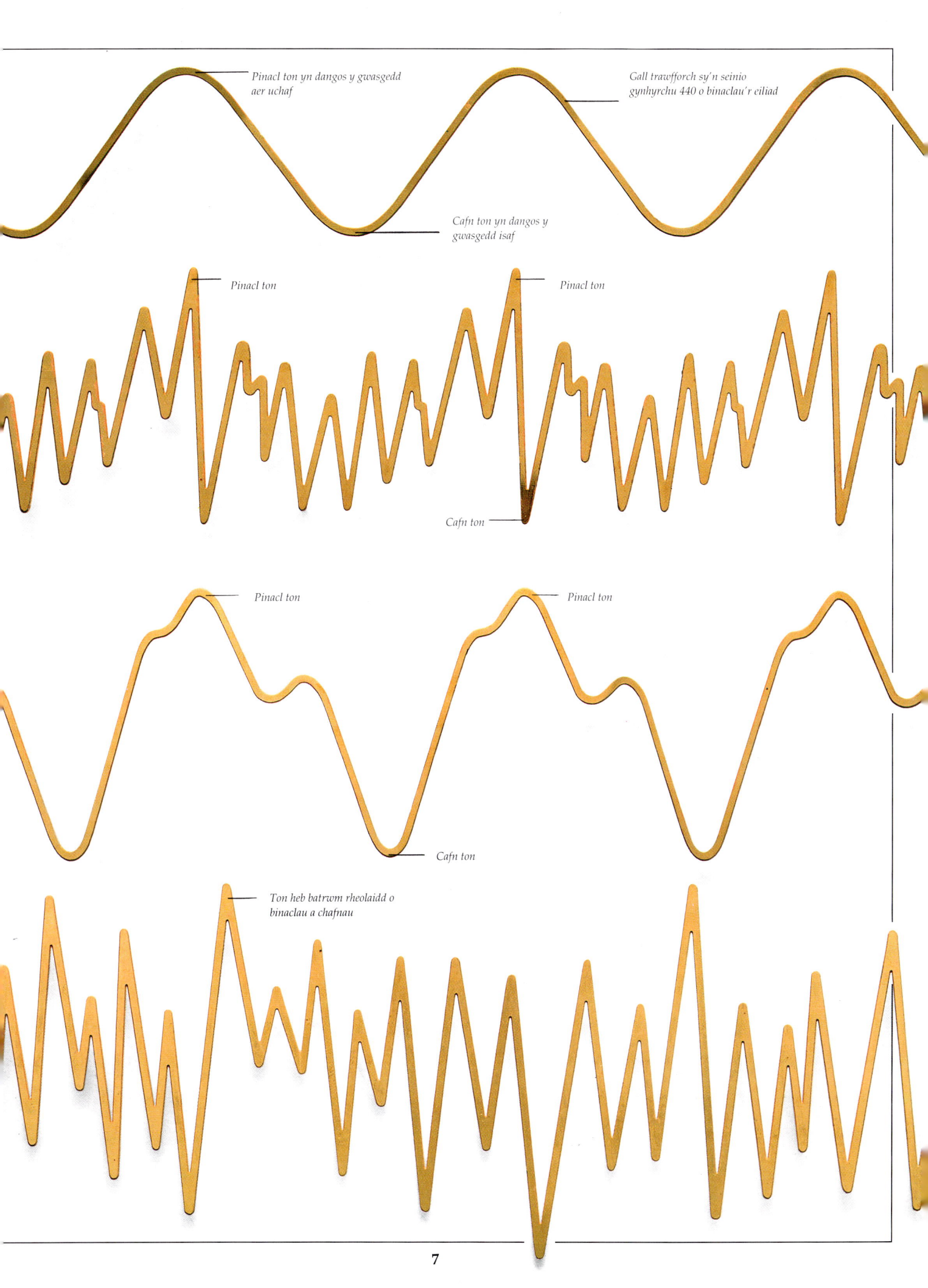

Gall trawfforch sy'n seinio gynhyrchu 440 o binaclau'r eiliad

Cafn ton yn dangos y gwasgedd isaf

Pinacl ton

Pinacl ton

Cafn ton

Pinacl ton

Pinacl ton

Cafn ton

Ton heb batrwm rheolaidd o binaclau a chafnau

Twnelau gwynt

GALL PERSON SY'N DYSGU CHWARAE rhai offerynnau chwyth fel y sacsoffon swnio fel buwch mewn poen, ond mewn dwylo da gall offerynnau o'r fath greu amrywiaeth ryfeddol o seiniau. Mae dau brif deulu o offerynnau chwyth: chwythbrennau ac offerynnau pres. Nid yw'r defnyddiau'n golygu dim gan fod rhai chwythbrennau wedi eu gwneud o bres a rhai offerynnau pres cyntefig wedi eu gwneud o bren. Yn sylfaenol, piben wag â chetyn ceg yw'r ddau fath o offeryn. Gwnaiff chwythu i'r cetyn ceg i'r aer yn y biben ddirgrynu. Yr enw ar yr hyd o aer dirgrynol yw colofn aer. Mae cwtogi'r golofn yn codi'r traw, a'r nodyn yn swnio'n uwch. Mae gan offerynnau pres fel yr utgorn ffordd arall o godi'r traw. Gwnaiff chwythu'n galetach i'r cetyn ceg i'r golofn aer rwygo a dirgrynu mewn dau o haneri, tri o drydeddau ac ati, i roi nodau uwch.

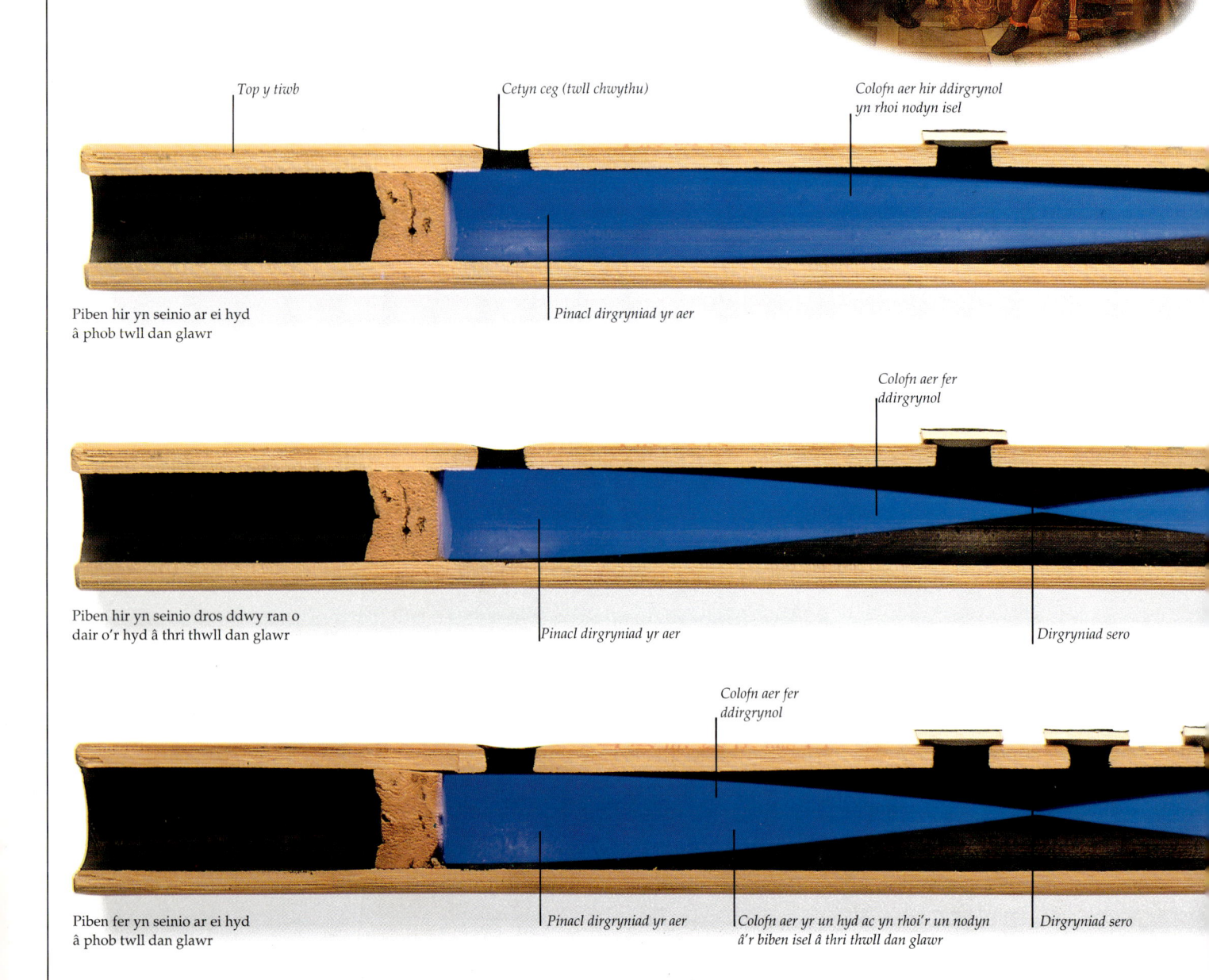

Top y tiwb | *Cetyn ceg (twll chwythu)* | *Colofn aer hir ddirgrynol yn rhoi nodyn isel*

Piben hir yn seinio ar ei hyd â phob twll dan glawr | *Pinacl dirgryniad yr aer*

Colofn aer fer ddirgrynol

Piben hir yn seinio dros ddwy ran o dair o'r hyd â thri thwll dan glawr | *Pinacl dirgryniad yr aer* | *Dirgryniad sero*

Colofn aer fer ddirgrynol

Piben fer yn seinio ar ei hyd â phob twll dan glawr | *Pinacl dirgryniad yr aer* | *Colofn aer yr un hyd ac yn rhoi'r un nodyn â'r biben isel â thri thwll dan glawr* | *Dirgryniad sero*

Cetynnau ceg amrywiol

Caiff chwythbrennau ac offerynnau pres eu chwarae â sawl math o getyn ceg. Dim ond twll i'r chwaraewr chwythu iddo neu drosto sydd gan y bib a'r ffliwt a hynny'n ddigon i wneud i'r golofn aer ddirgrynu. Ceir cyrs yng nghetynnau ceg chwythbrennau eraill. Gwnaiff chwythu i'r gorsen ddirgrynu a'r golofn aer seinio. Cetynnau ceg metel sydd gan offerynnau pres. Mae chwythu trwy'r gwefusau'n peri i'r cetyn ceg ddirgrynu, rhywbeth fel corsen ddwbl.

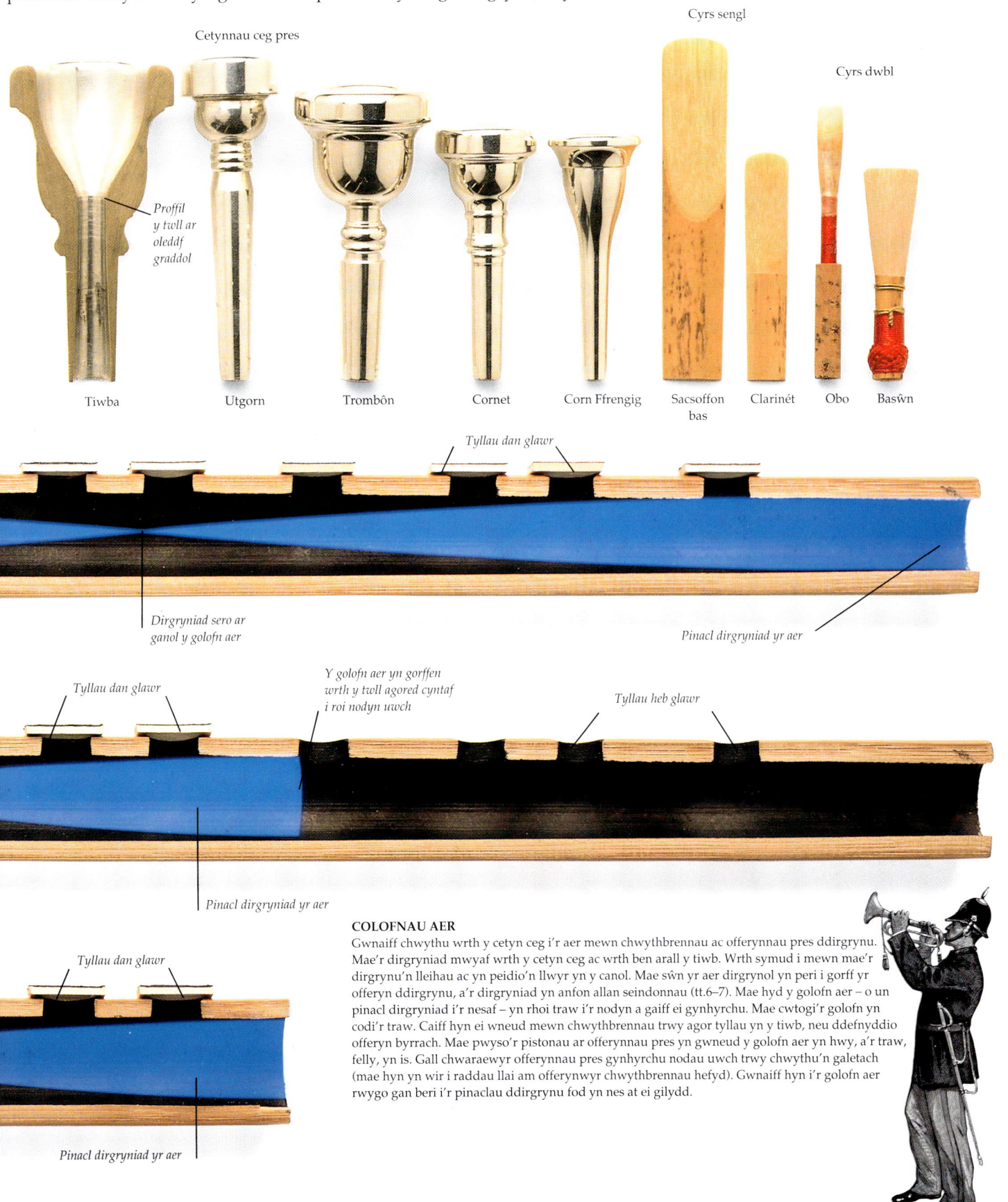

Cyrs sengl

Cetynnau ceg pres

Cyrs dwbl

Proffil y twll ar oleddf graddol

Tiwba · Utgorn · Trombôn · Cornet · Corn Ffrengig · Sacsoffon bas · Clarinét · Obo · Basŵn

Tyllau dan glawr

Dirgryniad sero ar ganol y golofn aer

Pinacl dirgryniad yr aer

Y golofn aer yn gorffen wrth y twll agored cyntaf i roi nodyn uwch

Tyllau dan glawr

Tyllau heb glawr

Pinacl dirgryniad yr aer

Tyllau dan glawr

COLOFNAU AER

Gwnaiff chwythu wrth y cetyn ceg i'r aer mewn chwythbrennau ac offerynnau pres ddirgrynu. Mae'r dirgryniad mwyaf wrth y cetyn ceg ac wrth ben arall y tiwb. Wrth symud i mewn mae'r dirgrynu'n lleihau ac yn peidio'n llwyr yn y canol. Mae sŵn yr aer dirgrynol yn peri i gorff yr offeryn ddirgrynu, a'r dirgryniad yn anfon allan seindonnau (tt.6–7). Mae hyd y golofn aer – o un pinacl dirgryniad i'r nesaf – yn rhoi traw i'r nodyn a gaiff ei gynhyrchu. Mae cwtogi'r golofn yn codi'r traw. Caiff hyn ei wneud mewn chwythbrennau trwy agor tyllau yn y tiwb, neu ddefnyddio offeryn byrrach. Mae pwyso'r pistonau ar offerynnau pres yn gwneud y golofn aer yn hwy, a'r traw, felly, yn is. Gall chwaraewyr offerynnau pres gynhyrchu nodau uwch trwy chwythu'n galetach (mae hyn yn wir i raddau llai am offerynwyr chwythbrennau hefyd). Gwnaiff hyn i'r golofn aer rwygo gan beri i'r pinaclau ddirgrynu fod yn nes at ei gilydd.

Pinacl dirgryniad yr aer

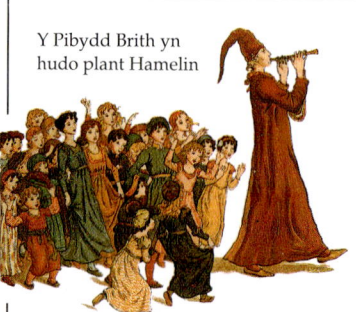

Y Pibydd Brith yn hudo plant Hamelin

Pibau a ffliwtiau

SAIN ANADLOG, LLAWN ANWYLDEB SYDD i bibau a ffliwtiau, sain ag ansawdd ysbrydol iddi. Efallai mai dyna pam iddynt gael eu cysylltu â hud a lledrith – fel yn opera Mozart *Y Ffliwt Hud* a chwedl y Pibydd Brith o Hamelin a swynodd y plant i adael y dref. Caiff y sain ei chynhyrchu trwy chwythu ar draws ceg piben agored neu ar draws twll yn y biben (t.8). Daw sain feddal, hyfryd wrth i'r aer o'r chwythiad ddirgrynu yn y biben ac ychwanegir hisian wrth i'r aer ddianc o amgylch y twll. Cynhyrchir nodau uwch wrth chwythu'n galetach.

CHWIBANOGL BYSGOD
Mae'r pysgodyn potyn, er nad yw'n edrych fel recorder, yn cynhyrchu sain mewn dull tebyg. Mae gan y naill offeryn fel y llall sianelau bychain sy'n tywys aer o'r geg i'r tyllau chwythu yn yr ochr.

Rhic

GWELD YN DDWBL
Offeryn sy'n cael ei ddefnyddio gan amlaf mewn cerddoriaeth werin yw'r *flageolet*. Mae'n perthyn i deulu o offerynnau chwyth sy'n culhau o'r cetyn ceg i lawr. Enghraifft dda yw'r chwibanogl dun. Yn y llun mae *flageolet* ddwbl â dwy biben y gellir eu chwarae ar wahân. Gwnaethpwyd yr offeryn pren cerfiedig hwn yn Iwgoslafia tua 1900, ond mae'r *flageolet* ar gael er y 13eg ganrif.

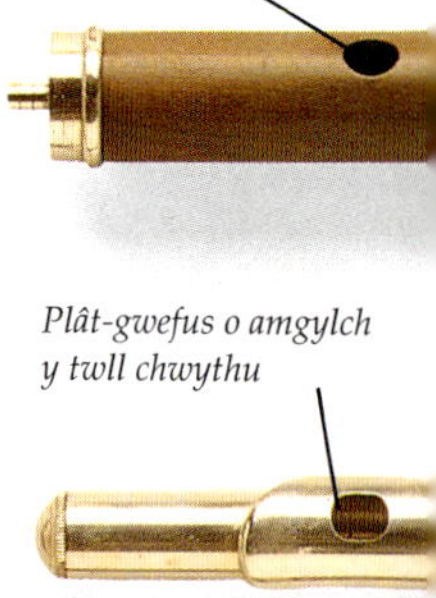

Set ddwbl o dyllau bys

Pob piben i'w chwarae â llaw wahanol

Tyllau chwythu

Rhic

Tyllau bys

MIWSIG CYNNAR
Câi'r chwibanogl ei gwneud o asgwrn bys troed carw Llychlyn yn 40,000 CC. Efallai i'r rhai Ffrengig hyn gael eu defnyddio i wneud signalau, ac nid cerddoriaeth.

MIWSIG FFRWYTHAU
Cafodd y chwibanogl hon o Sudan ei gwneud o ddarn o gicaion. Caiff ei chwarae trwy chwythu i ric yn y pen agored a chau'r tyllau â'r bysedd.

ANIFEILIAID
Brogaod ac eryr sy'n rhoi addurn deniadol ac anarferol i'r *flageolet* hwn o'r 19eg ganrif. Cafodd ei gerfio o garreg-sebon gan lwyth o Indiaid Haida ar ynysoedd ger Canada.

Twll chwythu

Plât-gwefus o amgylch y twll chwythu

MIWSIG Y DUWIAU
Cafodd pibau Pan eu henwi ar ôl y duw Groegaidd Pan. Pan gafodd ei gariad ei throi'n gorsen fe'i torrodd i wneud set o bibau o wahanol hyd, a'u chwarae i'w gysuro'i hun. Heddiw cysylltir pibau Pan yn fwyaf arbennig â cherddoriaeth De America.

CYNLLUN DWYREINIOL
Efallai fod y rhic ar ben y *shakuhachi* Japaneaidd yn ei wneud yn haws i'w chwarae na ffliwtiau syml, agored fel pibau Pan.

Pren wedi'i gerfio'n gain ar ffurf pen draig

10

Ffliwtiau traws

Mae'n bosibl galw unrhyw biben sydd â phen chwythu neu dwll, a thyllau bys, yn ffliwt – ond cyfyngwn yr enw fel rheol i offerynnau sy'n cael eu chwarae trwy chwythu ar draws twll. Ffliwtiau traws neu chwyth-ochr yw'r rhain ac mae'r datgeinydd yn eu dal yn llorweddol.

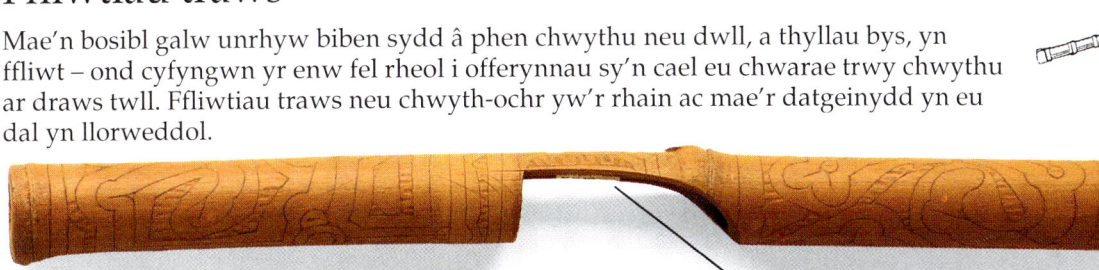

DYFAIS HWYLUS
Dyma offeryn bambŵ o Guyana. Caiff ei chwythu fel ffliwt draws ond mae'n anarferol gan fod y chwaraewr yn newid y nodyn trwy gau a newid siâp yr agoriad mawr yn yr ochr â'i law.

Agoriad sy'n cael ei orchuddio â llaw i newid y nodyn

Twll chwythu

Twll chwythu

Mae'n bosibl chwythu rhai pibau a ffliwtiau â'r trwyn

SŴN TRWYN
Mae ffliwtiau trwyn yn gyffredin iawn o gwmpas y Cefnfor Tawel. Dyma enghraifft fambŵ hardd o Fiji. Mae tyllau chwythu ar bob pen a thri thwll bys yn y canol. Mae'r ffliwtydd yn chwythu trwy un ffroen tra'n cau'r llall â'i law – neu faco!

SYSTEM BOEHM
Gwnaeth yr Almaenwr Theobald Boehm (1794–1881) welliannau mawr i'r ffliwt. Dyfeisiodd system fysellau lle mae padiau, sy'n cael eu gweithredu gan fysellau neu'r bysedd, yn gorchuddio'r holl dyllau. Roedd y sŵn yn well a'r ffliwt yn haws ei chwarae.

NODAU UCHEL
Ffliwt fechan uchel ei thraw a ddyfeisiwyd yn niwedd y 1700au yw'r picolo. Un bysell sydd gan y picolo pren cynnar hwn, c.1800. Gall ffliwtyddion chwarae'r picolo modern am fod ganddo'r un bysellwaith â'r ffliwt gyngerdd.

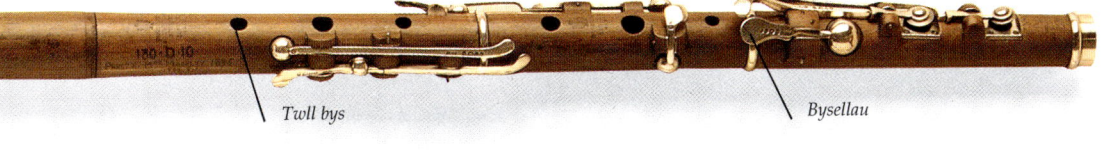

Twll bys

Bysellau

Ffliwt bren gynnar, c.1830

Bysellau bawd

Bysellau i'r bysedd bach

Ffliwt gyngerdd fodern

O FOD YN SYML I FOD YN SOFFISTIGEDIG
Daeth y ffliwt gyngerdd â'i sain well i ddisodli'r recorder a'r *flageolet* yn y 1800au. Mae nodau syml yr offeryn pren cynnar yn cyferbynnu â bysellwaith cymhleth y ffliwt fetel fodern, ond mae'r offeryn modern yn haws ei chwarae a'i sain yn gliriach.

Padiau i'w cau â bysedd

Padiau i'w cau â bysellau

FFLIWT DDRAIG
Ffliwt draws anarferol a chain yw'r *lung ti*, neu'r ffliwt ddraig. Caiff ei defnyddio mewn seremonïau crefyddol. Caiff ei gwneud o fambŵ wedi'i addurno â lacer ac mae llen denau o bapur dros y twll chwythu. Rhydd hyn sain sio dreiddiol i'r ffliwt, tebyg i sain y *kazoo*.

Addurn lacer cain

Cyrs dirgrynol

I WNEUD OFFERYN CERDD o gansen wag, rhaid torri darn byr ohoni, lefelu neu dafellu trwy un pen a thyllu ychydig o dyllau ynddi. Er na cheir fawr mwy na chrawc ohoni, y bib gyntefig hon yw cynsail yr holl offerynnau cyrs. Cynhyrchir y sain gyrsaidd nodweddiadol wrth i'r dafell o gansen ddirgrynu. Canlyniad hyn yw amrywiaeth o synau, o seiniau tawdd y clarinét i nodau dolefus yr obo ac ebychiadau sarrug y basŵn.

Dyma ran o beintiad o'r 17eg ganrif yn dangos trombonydd yn cyfeilio i ddau chwaraewr *shawm* mewn gorymdaith yn Sbaen.

Cyrs sengl

Caiff y clarinét a'r sacsoffon (t.14) eu chwarae â chetyn ceg sy'n cynnwys rhwymyn metel i ddal y gorsen sengl yn ei lle. Gall ceg y chwaraewr effeithio ar ddirgryniad y gorsen i gynhyrchu tonau unigol.

Caiff y clarinét soprano ei chwarae'n amlach na gweddill y teulu. Dyma un o bren du Affrica.

Nid yw'r tiwb yn lledu nes cyrraedd y gloch

Modrwy gorcyn i selio'r cymalau

Bysellau i'r bys bach de

Cymal canol â bysellau i'r llaw dde

Bysellau i'r bys bach chwith

Bysell i'r bawd

Cylch i'r sling gwddf

Bysellau i'r mynegfys de

Bysell ychwanegol i ymestyn y cwmpas

Cloch fetel i fwrw'r sain ymlaen

Mae tiwb ar dro mewn clarinetau alto dwfn eu sain

Corsen clarinét

Cetyn ceg

Cymal baril sy'n symud i newid y traw

Cymal pen â bysellau i'r llaw chwith

Y safle arferol i chwarae clarinét

Peg i astell gerdd

SAIN CLARINÉT
Cafodd y clarinét ei ddatblygu yn y 18fed ganrif a'i wella gan Boehm (t.11) tua chanrif yn ddiweddarach trwy wneud bysellau hwylus. Daeth yr enw o'r ffaith bod y nodau uchel yn adleisio sain utgorn neu *clarino*. Mae'r sain dreiddiol, beraidd, yn cael ei defnyddio'n helaeth mewn cerddoriaeth gerddorfaol. Caiff ei chwarae'n wylltach a bywiocach mewn *jazz* traddodiadol a pheth cerddoriaeth werin.

Gorffwysfa'r llaw dde

Bysellau i'r bawd de (tyllau bys yr ochr arall)

Cap metel dros y tro yn y tiwb pren

Cloch gron i roi ei sain dawel felfedaidd i'r cor anglais

12

Cyrs dwbl

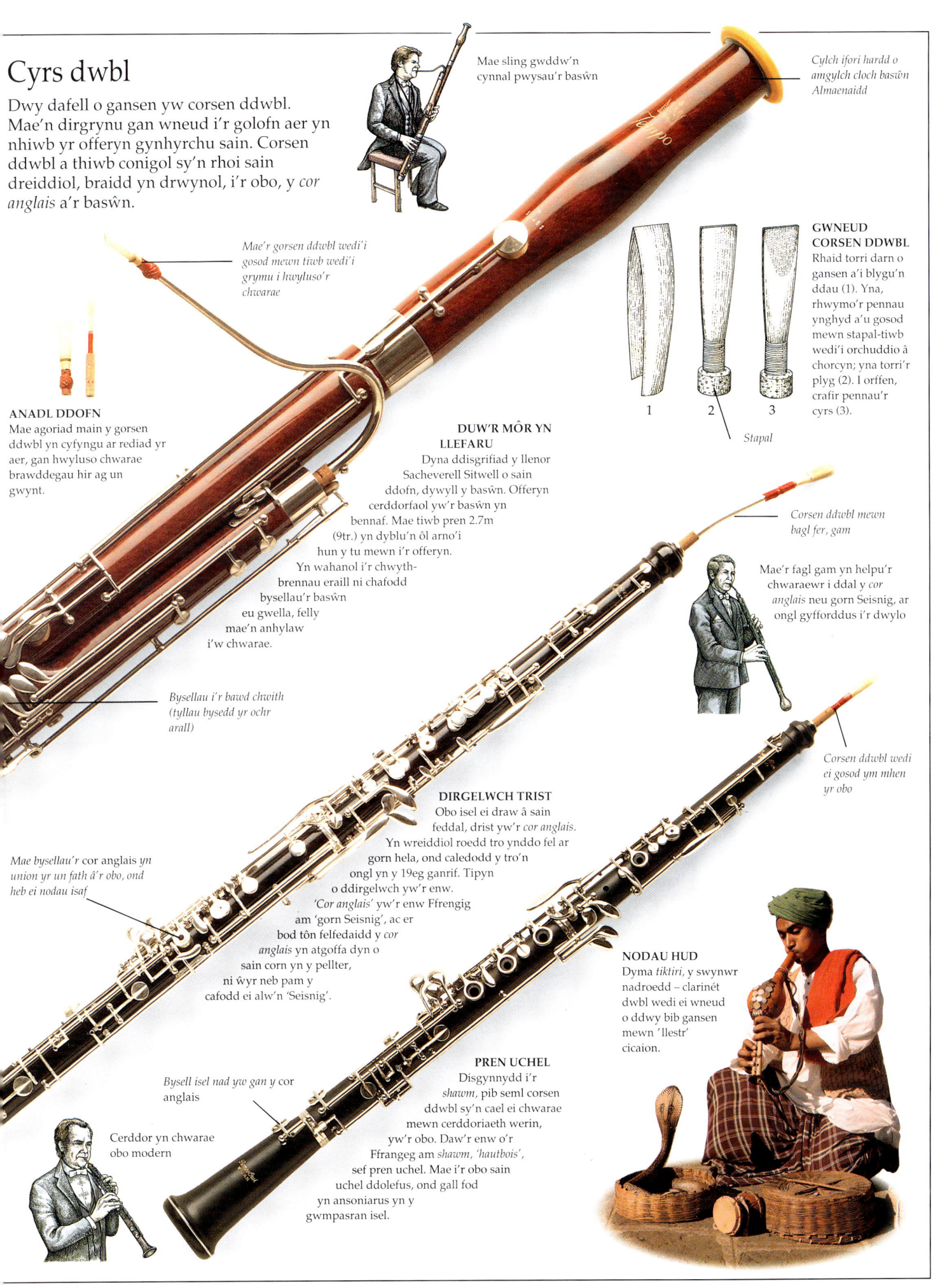

Dwy dafell o gansen yw corsen ddwbl. Mae'n dirgrynu gan wneud i'r golofn aer yn nhiwb yr offeryn gynhyrchu sain. Corsen ddwbl a thiwb conigol sy'n rhoi sain dreiddiol, braidd yn drwynol, i'r obo, y *cor anglais* a'r basŵn.

Mae sling gwddw'n cynnal pwysau'r basŵn

Cylch ifori hardd o amgylch cloch basŵn Almaenaidd

Mae'r gorsen ddwbl wedi'i gosod mewn tiwb wedi'i grymu i hwyluso'r chwarae

GWNEUD CORSEN DDWBL
Rhaid torri darn o gansen a'i blygu'n ddau (1). Yna, rhwymo'r pennau ynghyd a'u gosod mewn stapal-tiwb wedi'i orchuddio â chorcyn; yna torri'r plyg (2). I orffen, crafir pennau'r cyrs (3).

1 2 3

Stapal

ANADL DDOFN
Mae agoriad main y gorsen ddwbl yn cyfyngu ar rediad yr aer, gan hwyluso chwarae brawddegau hir ag un gwynt.

DUW'R MÔR YN LLEFARU
Dyna ddisgrifiad y llenor Sacheverell Sitwell o sain ddofn, dywyll y basŵn. Offeryn cerddorfaol yw'r basŵn yn bennaf. Mae tiwb pren 2.7m (9tr.) yn dyblu'n ôl arno'i hun y tu mewn i'r offeryn. Yn wahanol i'r chwythbrennau eraill ni chafodd bysellau'r basŵn eu gwella, felly mae'n anhylaw i'w chwarae.

Bysellau i'r bawd chwith (tyllau bysedd yr ochr arall)

Corsen ddwbl mewn bagl fer, gam

Mae'r fagl gam yn helpu'r chwaraewr i ddal y *cor anglais* neu gorn Seisnig, ar ongl gyfforddus i'r dwylo

Corsen ddwbl wedi ei gosod ym mhen yr obo

DIRGELWCH TRIST
Obo isel ei draw â sain feddal, drist yw'r *cor anglais*. Yn wreiddiol roedd tro ynddo fel ar gorn hela, ond caledodd y tro'n ongl yn y 19eg ganrif. Tipyn o ddirgelwch yw'r enw. 'Cor anglais' yw'r enw Ffrengig am 'gorn Seisnig', ac er bod tôn felfedaidd y *cor anglais* yn atgoffa dyn o sain corn yn y pellter, ni ŵyr neb pam y cafodd ei alw'n 'Seisnig'.

Mae bysellau'r cor anglais yn union yr un fath â'r obo, ond heb ei nodau isaf

NODAU HUD
Dyma *tiktiri*, y swynwr nadroedd – clarinét dwbl wedi ei wneud o ddwy bib gansen mewn 'llestr' cicaion.

Bysell isel nad yw gan y cor anglais

Cerddor yn chwarae obo modern

PREN UCHEL
Disgynnydd i'r *shawm*, pib seml corsen ddwbl sy'n cael ei chwarae mewn cerddoriaeth werin, yw'r obo. Daw'r enw o'r Ffrangeg am *shawm*, 'hautbois', sef pren uchel. Mae i'r obo sain uchel ddolefus, ond gall fod yn ansoniarus yn y gwmpasran isel.

13

Tipyn o gymysgedd

NID YW DYFEISWYR YN RHOI EU HENWAU ar eu creadigaethau'n aml ond mae rhai eithriadau fel yr *heckelphone* a'r *sousaphone*, ac yn fwyaf arbennig – y sacsoffon. 'Sacs' yw'r enw cyffredin ar yr offeryn hybrid a greodd y dyfeisiwr Belgaidd, Adolphe Sax ym 1846. Cyfunodd getyn ceg clarinét â bysellwaith obo a'u cysylltu â thiwb pres conigol â chloch yn ymledu ar ei flaen. Y bwriad oedd i'r sacs gael ei ddefnyddio mewn bandiau milwrol, a gwneir hynny, ond mae hefyd yn ffefryn mewn cerddoriaeth boblogaidd a *jazz* â'i amrywiaeth eang o fynegiant a seiniau.

Cetyn ceg â rhwymyn i ddal corsen sengl

Gwddw

Bysell octef uchaf

ADRAN SACS
Mae gan fandiau mawr adran sy'n cynnwys pum sacsoffon – dau alto, dau denor ac un bariton. Dyma fand enwog Count Basie, c.1958.

Gafaelydd lyra

Bysell i'r bawd chwith

MAWR A CHRYF
Caiff y sacs tenor ei chwarae'n amlach na'r lleill oherwydd ei sain fawr, gref. O'r 14 maint o sacsoffon a wnaeth Adolphe Sax, dim ond pedwar sy'n gyffredin heddiw, y sacs soprano, alto, tenor a bariton. Mae'r rhain yn ffurfio pedwarawd sacsoffon, yn cyfateb i'r pedwarawd llinynnol.

Corff yr offeryn

SACS NOETH
Dyma sacsoffon tenor wedi ei stripio i adnewyddu'r lacer aur sy'n peri iddo sgleinio. Gallwch weld yn glir y twll conigol sy'n rhoi'r sain fawr i'r sacs.

Modrwy i'r sling

Gafaelydd i'r bawd de gynnal y corff

Cyplysydd cloch

Bysellau i'r bys bach de

Piler i'r bysell droi arno

Cloch

Tyllau traw i gynhyrchu'r sain fawr

Gwarchodydd

DANGOS Y SACS

Dangosodd Adolphe Sax ei offerynnau newydd ym 1864. Yn ogystal â'r sacsoffon, dyfeisiodd hefyd y sacsgorn, offeryn bas sy'n cael ei chwarae'n aml mewn bandiau pres (t.22). Mae sacsoffonau a sacsgyrn yn y llun. Dyfeisiodd Sax y sacsoffon er mwyn chwyddo sain y chwythbrennau mewn bandiau milwrol.

Bysell yr octef is

Lifer octef sy'n symud y ddau fysell octef

Tri bysell i gledr y llaw dde

Bysellau i'r llaw chwith; mae'r tri bys cyntaf yn aros ar y botymau

Botwm neu ddarn cyffwrdd perl

Bysellau i gledr y llaw chwith

Cetyn ceg

Bysellau i'r llaw chwith

Bysellau i'r llaw dde

Ffelt

Corcyn

Bysellau i'w pwyso â thri bys cynta'r llaw dde

Mae ffelt a chorcyn ar y padiau yn clustogi'r bysellau a'u cadw rhag gollwng aer.

Haenau o ffelt a chorcyn ar y pad

Cwpan

Mae'r metel yn adlewyrchu sain

Llithra'r bys bach dros y rholeri i weithio'r bysellau hyn

Gwarchodydd i'r bysellwaith

SIWPREMO SOPRANO

Mae Sidney Bechet yn perfformio yma, c.1957. Un o'r cerddorion *jazz* cyntaf i elwa'n llawn ar sain dreiddiol, ddirgrynol y sacs soprano.

Y SACS LLEIAF

Y sacs soprano yw'r lleiaf a'r uchaf ei draw o'r rhai sy'n cael eu chwarae'n gyson. Yr un bysellwaith sydd iddynt i gyd. Gall chwaraewr newid yn hawdd o un sacs i'r llall.

Sain meginau

Mae tynnu anadl yn broblem i bob chwaraewr offeryn chwyth. Gall rhai oresgyn y broblem wrth anadlu i mewn trwy'r trwyn a chwythu allan trwy'r geg ar yr un pryd! Dull mwy cyffredin yw gwahanu'r gorsen oddi wrth y geg a'i chael i weithio trwy wasgu llond cwdyn o aer o dan y gesail, fel mewn pibgodau. Corsen rydd sydd mewn acordion a harmonica; pan gaiff ei chwythu gan ffrwd o aer mae'n dirgrynu i roi nodyn heb gymorth piben. Sain wichlyd, gras, o'r enw *skirl* yw canlyniad hyn yn y pibgodau.

Pibgodwr Albanaidd traddodiadol o'r 19eg ganrif

Pen gafr pren, cerfiedig sy'n nodwedd draddodiadol o bibgodau o ganol Ewrop

Drôn

GAFR UDOL
Daw'r bibgod fegin gerfiedig hon o Hwngari dechrau'r 20fed ganrif. Rhoddir y fegin o dan y fraich a'i gwasgu i mewn ac allan i lenwi'r cwdyn croen myn ag aer. Mae corsen yn y biben dro, a seinir un nodyn isel di-dor yn y drôn. Mae'r cwdyn hefyd yn chwythu pâr o gyrs yn y sianter ddwbl sydd â bysellau arni i alluogi'r ddwy law i chwarae'r alawon.

Aer o'r geg ym mhen yr afr sy'n chwythu'r sianter ddwbl

Teclyn glanhau ar gadwyn

Mae un gorsen ddirgrynol yn y drôn a chloch lydan ar y pen

Mae falf yn y bib geg i atal yr aer rhag dianc o'r cwdyn

Megin â strapiau i fynd am un fraich

LLAWN O WYNT
Pibgod groen dafad o Lydaw yw'r *biniou*. Mae'n dyddio o ganol y 19eg ganrif. Caiff ei defnyddio mewn perfformiadau o gerddoriaeth werin, yn aml gyda'r *bombard*, math o *shawm* (t.12). Mae'r pibydd yn chwythu i mewn i'r bib geg i lenwi'r cwdyn a hwnnw'n cael ei wasgu i seinio'r drôn a'r sianter. Mae sain arbennig iawn i'r pibgodau Albanaidd sy'n cynnwys tair piben drôn.

Saith o dyllau bysedd sydd ar y sianter ddwbl. Caiff ei seinio â chorsen ddwbl

Cwdyn o groen dafad

HWYL I BAWB
Mae'r bibgod yn y llun hwn gan yr artist Breughel (16eg ganrif) a hoffai bortreadu pobl yn mwynhau cadw sŵn.

16

Mae gwthio'r nobyn yn agor y rhes isaf o dyllau i seinio nodau ychwanegol

SUGNO A CHWYTHU
Mae gan yr organ geg, neu'r harmonica, ddwy set o gyrs rhydd sy'n seinio wrth i'r chwaraewr chwythu a sugno aer trwy'r offeryn. Offeryn o'r 19eg ganrif yw'r harmonica, yn tarddu o organau ceg o Asia.

Er mwyn cydbwyso'r sheng *mae pedair o'r 17 piben yn ffug*

Tyllau bysedd

Siambr wynt

Cetyn ceg

Rhwymyn i ddal y pibau gyda'i gilydd

SIÂP FFENICS
Organ geg y mae ei hanes yn mynd yn ôl 3,000 o flynyddoedd yn China yw'r *sheng*. Mae yma'n gyfan (chwith pellaf) ac mewn darnau (chwith ac isod). Mae ei ffurf gain i fod yn debyg i'r ffenics, yr aderyn chwedlonol. Caiff ei chwarae trwy chwythu aer i mewn a sugno aer allan o'r siambr wynt, tra'n byseddu'r tyllau yn y pibau. Wrth agor y tyllau caiff yr aer fynd at y cyrs rhydd ar waelod y pibau bambŵ. Tafodau pres â phwysau gwêr arnynt i'w tiwnio yw'r cyrs.

Cerddor Chineaidd yn chwarae organ geg gymhleth

Siambr wynt â lacer arni, a thyllau i bibau

Tafodau pres

Nodau o ifori a phlastig glas

Megin i chwythu a sugno aer trwy'r cyrs

Cerddor stryd o'r 19eg ganrif gyda'i fwnci a'i acordion

GWASGU A GWICHIAN
Acordion ysblennydd â megin flodeuog wedi ei harddu â phlastig glas a nicel. Cafodd ei wneud yn yr Eidal yn yr 20fed ganrif, ond caiff ei gysylltu gan amlaf â Ffrainc. Wrth wasgu'r nodau a'r botymau aiff aer o'r fegin at setiau o gyrs metel rhydd. Mae'r acordion yn cael ei gynnal ar strapiau gan adael y dwylo'n rhydd i weithio'r fegin a chwarae'r nodau a'r botymau.

Sain wichlyd y cyrs yn dod o'r gril

120 o fotymau'n cynhyrchu nodau a chordiau bas

Cerddoriaeth bibau

GALL MILOEDD O BIBAU atseinio trwy gadeirlan anferth wrth i'r organ gael ei chwarae, ond y pibau Pan gwerinol (t.10) yw cyndeidiau'r organ bib fawreddog. Pan gaiff nodau'r organ eu gwasgu mae aer yn cael ei anfon i res o bibau sy'n cynhyrchu sain fel chwythbrennau (tt.8–9). Cafodd yr organ gyntaf ei gwneud yng Ngroeg c.250 CC. Câi pŵer dŵr ei ddefnyddio'n fedrus i chwythu'r aer trwy'r pibau. Gwyntyll drydan sy'n gwneud hyn heddiw.

PIBAU CLUDADWY
Câi'r organ hon o'r oesoedd canol ei chludo o le i le. Roedd un llaw'n gweithio megin a chwythai aer i res o bibau simnai. Chwaraeai'r llall y nodau onglog.

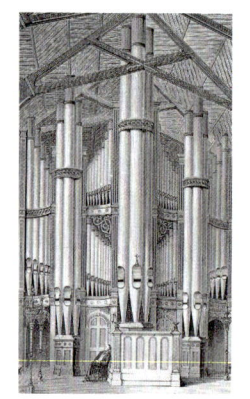

PIBAU JYMBO
Gall nodau isaf organ fawr ddod o bibau sydd bron yn 10m (32tr.) o hyd.

METELAU CYMYSG
Defnyddir aloi o blwm a thun yn aml i wneud pibau organ; tun i loywi'r sain a phlwm i'w chymylu.

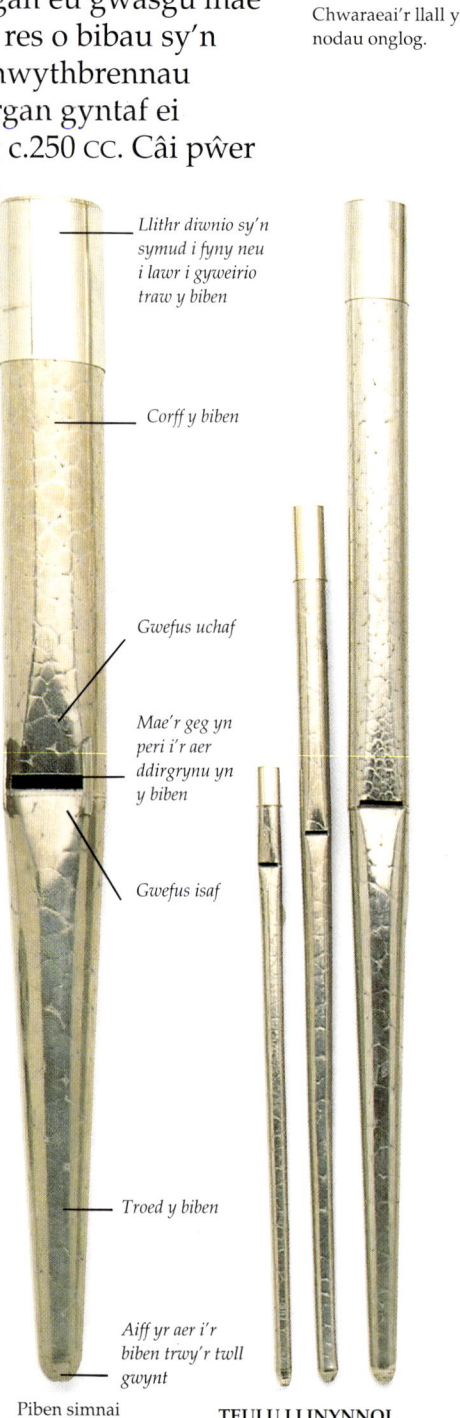

50% plwm 50% tun
70% plwm 30% tun

Llithr diwnio sy'n symud i fyny neu i lawr i gyweirio traw y biben

Corff y biben

Gwefus uchaf

Mae'r geg yn peri i'r aer ddirgrynu yn y biben

Gwefus isaf

Troed y biben

Aiff yr aer i'r biben trwy'r twll gwynt

Piben simnai

TEULU LLINYNNOL
Mae pibau simnai yn cynhyrchu sain yr un fath â chwibanogl (t.10). Mae'r rhai cul hyn yn perthyn i deulu llinynnol pibau organ.

PIBAU DIAPASON
'Clustiau', fflapiau bychain metel ar bob ochr i 'gegau' y pibau simnai i sefydlogi'r sain a ddaw ohonynt.

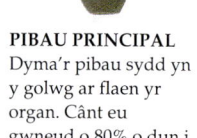

Diapason arddangos copor

PIBAU PRINCIPAL
Dyma'r pibau sydd yn y golwg ar flaen yr organ. Cânt eu gwneud o 80% o dun i roi sain lachar iddynt.

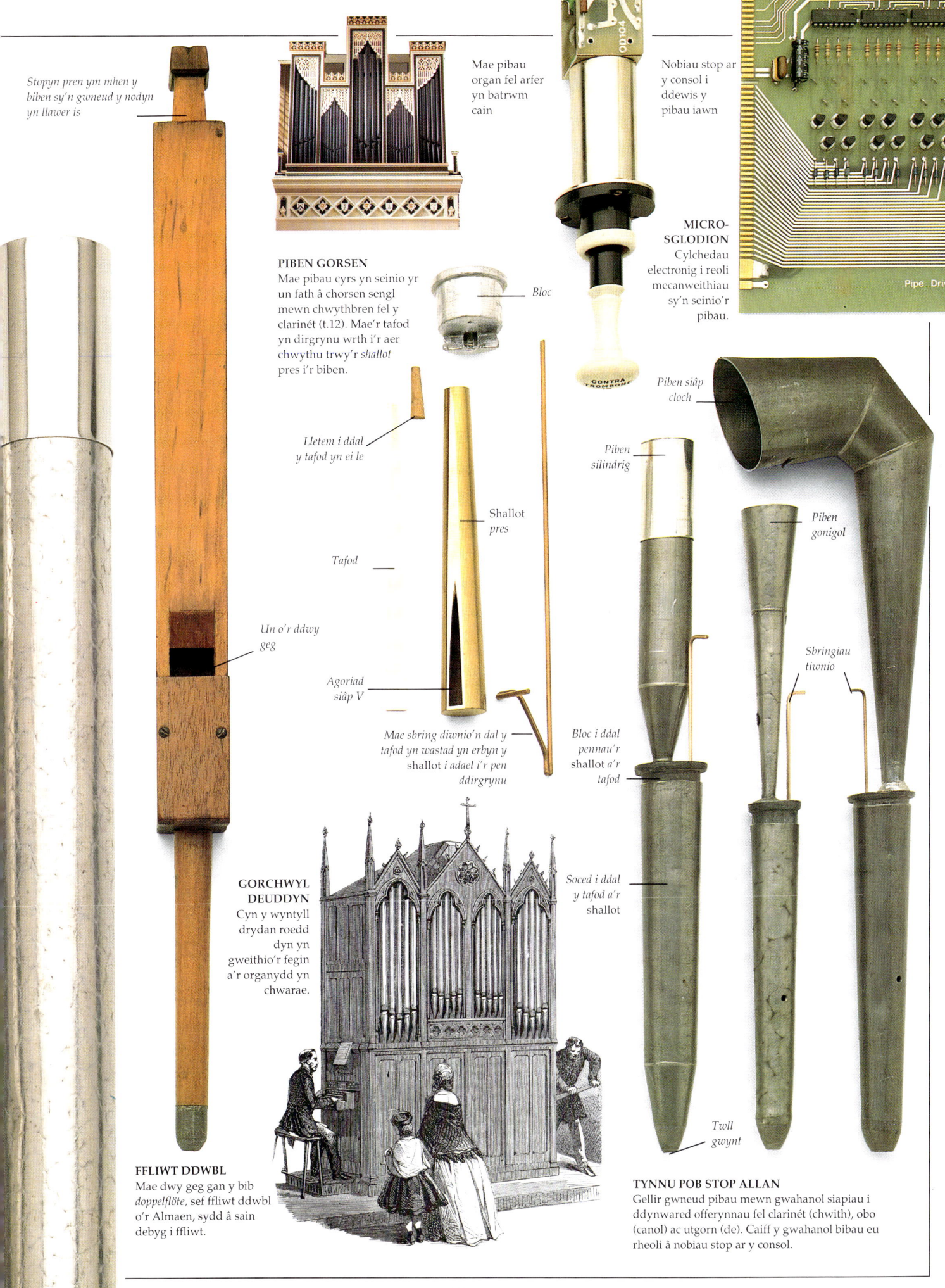

Stopyn pren ym mhen y biben sy'n gwneud y nodyn yn llawer is

Mae pibau organ fel arfer yn batrwm cain

Nobiau stop ar y consol i ddewis y pibau iawn

MICRO-SGLODION
Cylchedau electronig i reoli mecanweithiau sy'n seinio'r pibau.

PIBEN GORSEN
Mae pibau cyrs yn seinio yr un fath â chorsen sengl mewn chwythbren fel y clarinét (t.12). Mae'r tafod yn dirgrynu wrth i'r aer chwythu trwy'r *shallot* pres i'r biben.

Bloc

Lletem i ddal y tafod yn ei le

Piben siâp cloch

Piben silindrig

Shallot pres

Piben gonigol

Tafod

Sbringiau tiwnio

Un o'r ddwy geg

Agoriad siâp V

Mae sbring diwnio'n dal y tafod yn wastad yn erbyn y shallot i adael i'r pen ddirgrynu

Bloc i ddal pennau'r shallot a'r tafod

GORCHWYL DEUDDYN
Cyn y wyntyll drydan roedd dyn yn gweithio'r fegin a'r organydd yn chwarae.

Soced i ddal y tafod a'r shallot

Twll gwynt

FFLIWT DDWBL
Mae dwy geg gan y bib *doppelflöte*, sef ffliwt ddwbl o'r Almaen, sydd â sain debyg i ffliwt.

TYNNU POB STOP ALLAN
Gellir gwneud pibau mewn gwahanol siapiau i ddynwared offerynnau fel clarinét (chwith), obo (canol) ac utgorn (de). Caiff y gwahanol bibau eu rheoli â nobiau stop ar y consol.

19

Cornu. Corn efydd Rhufeinig

Tarddiad pres

FEL MAE'R ENW'N AWGRYMU, mae'r prif offerynnau pres fel utgorn, trombôn, corn a thiwba wedi eu gwneud o bres wedi'i orchuddio â lacer neu arian i hwyluso'r glanhau. Ond tarddant o offerynnau naturiol fel cregyn *conch*, cangau gwag a chyrn anifeiliaid. Mae'n bosibl galw unrhyw offeryn sy'n cael ei chwarae â'r gwefusau yn offeryn pres beth bynnag fo'i ddefnydd. Mae tiwbiau'n ddelfrydol i seinio ffanffer neu alwad i hela ond cyfyng yw nifer y nodau i bobl geisio ymestyn eu cwmpas cerddorol.

Cerddorion Almaenaidd o 1520; y ddau ar y chwith yn chwarae *shawm* (t.12) a'r un ar y dde yn chwarae utgorn

METHIANT
Cyfansoddodd Haydn ei *goncerto* utgorn enwog (1796) i'r utgorn bysellog, oedd yn newydd ar y pryd ac yn medru cynhyrchu nodau ychwanegol. Swniai'r offeryn fel 'obo gorffwyll' ac oes fer a gafodd.

Cetyn ceg cerfiedig

Strapen ddwbl o ddarnau cul o ledr

CORN NATURIOL
Dyma offeryn o Ddwyrain Affrica wedi ei lunio o gorn gafrewig. Er bod haen allanol y corn wedi ei grafu i ffwrdd, ar wahân i'r cetyn ceg, ac i'r craidd esgyrnog gael ei dynnu allan, llwyddwyd i gadw ffurf gain y corn. Caiff ei chwythu o agoriad cerfiedig ar ei ochr. Mae bandiau cyrn yn rhoi perfformiadau gwych â chyrn ochrog o'r fath mewn sawl rhan o Affrica.

Mae chwaraewr yn rhoi ei wefusau ym mhen y tiwb

PRYF YN GWEITHIO
Mae'r Cynfrodorion dyfeisgar wedi darganfod dull anarferol o wneud y *didjeridu*, eu prif offeryn. Claddant gangen hir o'r pren ewcalyptws yn y ddaear a gadael i'r morgrug gwynion dyllu'r canol ohoni. Codant y tiwb gwag, ei addurno â phaent a'i chwarae trwy chwythu i lawr un pen iddo.

Cetyn ceg ffurf twndis

Cortyn cludo â thaselau addurnol

O'R HELIWR AT Y POSTMON
Clywodd pobl y cyrn bychain cam a gâi eu defnyddio i roi arwyddion wrth hela, gyntaf oll yn Ffrainc yn y 14eg ganrif. Pan ddechreuodd y gwasanaeth post ganrif yn ddiweddarach defnyddiai'r postmon gorn post i gyhoeddi ei fod yn mynd neu'n dod.

Bagl ddatgysylltiol i ymestyn hyd y tiwb a gostwng yr holl nodau

Cetyn ceg siâp cwpan

DYNWARED YMLUSGIAD
Mae'n hawdd gweld pam y cafodd yr offeryn hynod hwn ei alw'n sarff pan gafodd ei ddyfeisio yn Ffrainc ym 1590. Mae'n groes rhwng offeryn pres a chwythbren â thiwb fel neidr a dwy set o dyllau bysedd.

Tyllau bysedd i'r llaw chwith

Mae rhoi un llaw yn y gloch lydan yn codi nodyn

Tyllau bysedd i'r llaw dde

RHAGOR O GWRLS
Yn ystod yr 17eg ganrif ymestynnwyd hyd y corn a'i ddolennu i hwyluso'r chwarae. Ond roedd cwmpas nodau'r corn yn dal yn gyfyngedig am ganrif arall, hyd nes dyfeisio darnau o diwbiau y gellid eu datgysylltu. Baglau oedd y rhain, i ymestyn y tiwb a chynhyrchu setiau gwahanol o nodau. Dyma offeryn nodweddiadol â dwy fagl, yn dyddio o 1780.

Corn Eidalaidd c.1720

Dau ddull o chwarae'r sarff

Gorchudd lledr wedi'i beintio i ymdebygu i sarff

Siâp madfall wedi'i cherfio yn y pren

Cloch fain

NEGES GREFYDDOL
Yn ffodus i'r chwaraewr cafodd yr utgorn hwn, y nfîr o Foroco sy'n mesur 1.5m (5tr.), ei wneud mewn adrannau sy'n datgymalu. Defnyddiwyd y ffrwydradau hir o sain a ddeuai ohono i gyhoeddi diwedd ympryd Ramadan. Aiff utgyrn fel y rhain yn ôl i gyfnod y Rhufeiniaid. Efallai mai nhw a'u cyflwynodd i Ogledd Affrica.

MIWSIG MYNYDD
Mae sŵn yr alpgorn pren, hir yn gyfarwydd yn Alpau'r Swistir. Câi ei chwarae'n draddodiadol gan fugeiliaid, ond heddiw mae'n denu ymwelwyr.

21

Pres yn ei anterth

Gall rhes ar res o offerynnau pres modern, yn utgyrn a thrombonau, greu môr o sain. Ac er bod wynebau piws yn nodwedd gyffredin o ffanffer gyffrous, nid yr ymdrech gorfforol yn unig sy'n gyfrifol am y fath sain. Deillia'r sain lachar o diwb cul, metel, tyllfedd conigol a chloch fawr lydan. Ond hanner y stori'n unig yw hyn. Wrth chwythu'n ysgafn ceir sain feddal; ac mae modd rhoi awgrym o ddirgelwch neu hyd yn oed fygythiad yn y miwsig trwy ddefnyddio mudydd. Mae cerddorion *jazz* yn gwneud defnydd helaeth o bob teimlad y mae'n bosibl ei gynhyrchu â thrombôn ac utgorn i berfformio unawdau cyffrous.

FFANFER HERODROL
Yn y llun Almaenaidd hwn, c.1600, mae herald (cyhoeddwr) yn chwarae utgorn cynnar. Nid oedd falfiau ar yr offeryn y pryd hwnnw.

Cetyn ceg siâp cwpan

Falfiau piston

Tyllfedd yn lledu heibio i'r falfiau

ARWEINYDD Y BAND
Cornet yw arweinydd ac unawdydd band pres a chlywn ei nodau'n glir uwchben tôn meddal y band. Cafodd ei ddyfeisio trwy ychwanegu falfiau at y corn post dolennog (t.20). Mae'n cynhyrchu'r un nodau â'r utgorn a chaiff ei chwarae yn yr un modd. Mae iddo sŵn llawnach, llai treiddiol gan fod y dyllfedd yn lledu mwy cyn cyrraedd y gloch. Er nad oes gan y cornet fawredd yr utgorn, mae'n haws ei chwarae.

BANDIAU MAWR
Mae gan fandiau *jazz* traddodiadol drwmped a thrombôn, fel band Humphrey Lyttleton (chwith). Ceisia'r chwaraewyr gynhyrchu sain arw unigryw sydd bron fel sŵn chwyrnu.

YSGWYDDO'R BAICH
Dyma offeryn hir, trwm o'r 19eg ganrif, a'i ddolennau'n galluogi'r datgeinydd i'w gario ar ei ysgwydd.

Mae'r bysell dŵr yn gwacáu dŵr cyddwysiad

Tiwb allanol y llithr

GOSTWNG Y TÔN
Trwy wasgu tair falf biston yn unig gall chwaraewr utgorn neu gornet wneud nifer o nodau. Mae tyllau ym mhob falf i droi'r aer sy'n dirgrynu i adran ochrog o'r tiwb. Ychwanega hyn at hyd y golofn aer sy'n dirgrynu yn yr offeryn gan beri i'r nodyn ostwng. Mae'r adrannau ochrog hyn yn ganolig, byr a hir. Mae cyfuniad o'r tair falf yn rhoi chwe nodyn islaw'r nodyn sy'n cael ei seinio â'r gwefusau. Gall y gwefusau seinio dwsin neu ragor o nodau, gan ddibynnu ar y chwaraewr ond y falfiau piston sy'n cynhyrchu'r gweddill.

Sbring i ddod â'r piston yn ôl

Tyllau yn y falf

PISTONAU I FYNY
Colofn aer sy'n osgoi'r falfiau piston sydd i fyny.

TRYDYDD PISTON I LAWR
Adran ochrog hwyaf y tiwb yn agor i ostwng y nodyn dri hanner-nodyn.

LLAIS MAWR
Hwn yw'r utgorn (heb y falf biston gyntaf) sy'n rheoli sawl band a cherddorfa. Seinia'n uchel a chlir a gall arwain yr holl offerynnau sy'n feddalach a dyfnach eu sain.

Adrannau ochrog y tiwbiau

'SATCHMO'
Llysenwyd Louis Armstrong yn 'Satchmo' oherwydd siâp sachell ei geg. Bu'n gyfrwng i chwyldroi *jazz* yn yr '20au â'i berfformiadau llachar ar yr utgorn. Cyn hynny roedd chwaraewyr *jazz* wedi bodloni ar gyd-chwarae i amrywio alawon yn bennaf. Ond sefydlodd Armstrong yr arddull unawd mewn *jazz* trwy greu datganiadau mentrus ar y pryd i gyfeiliant yr adran rythm.

MUDYDDU'R SAIN
Mae'n bosibl gosod mudyddion ar bob offeryn pres. Gwthir nhw dros y gloch neu i mewn iddi. Gall mudyddion leihau'r sŵn ac effeithio'n fawr ar ansawdd y tôn. Mae mudydd syth yn rhoi sain dreiddiol fain, a mudydd harmon yn creu'r sain sio a gysylltir â'r utgornydd *jazz* enwog, Miles Davies. Daw'r sŵn 'wha-wha' nodweddiadol trwy symud y mudydd i mewn ac allan o'r gloch.

Mudydd syth ar utgorn

Mudydd syth   *Mudydd cwpan*   *Mudydd harmon*

Cloch fawr lydan

Cyplysydd y llithr (llaw dde)

Cyplysydd y cetyn ceg (llaw chwith)

Tiwb mewnol y llithr

CYNLLUN PARHAOL
Nid yw'r trombôn wedi newid llawer dros y blynyddoedd. Dengys hen beintiadau iddo gyrraedd ei ffurf bresennol yn y 15fed ganrif. Dim ond y gloch sydd wedi newid. Mae wedi lledu dros y ddwy ganrif ddiwethaf i roi mwy o ddisgleirdeb i'r sain. Mae llithr yn creu'r nodau dyfnaf ar drombôn, nodau a gynhyrchir gan falfiau ar offerynnau pres eraill. Dim ond gwthio'r llithr allan sydd raid i ymestyn y tiwb. Mantais hyn yw bod chwaraewr yn medru 'llithro' o un nodyn i'r llall – rhywbeth nodweddiadol o fiwsig trombôn. Yr anfantais yw bod y llithr yn anhylaw o'i gymharu â falfiau. Ni ellir chwarae'r offeryn yn gyflym. Trombôn tenor sydd yma. Mae darn ychwanegol o diwb ar yr offeryn bas.

Cyrn cyrliog a thiwbâu mawr

Corn gwag oedd cyndaid y cyrn sydd heddiw mewn bandiau a cherddorfeydd. Mae sain wag y corn, sy'n cael ei hachosi gan dyllfedd gonigol y tiwb, yn golygu nad oes ganddo sain lachar fel y prif offerynnau pres eraill, yr utgorn a'r trombôn (tt.22–3). Mae'r cyrn cyrliog a'r tiwbâu mawr yn ychwanegu cynhesrwydd a dyfnder at sain adran bres cerddorfa symffoni. Mae angen ysgyfaint a gwefusau cryf i'w chwarae; y corn am ei fod yn aml yn gorfod cynhyrchu nodau uchel, y tiwba am mai hwnnw yw'r mwyaf o'r holl offerynnau chwyth. Er gwaetha'r ymdrech gorfforol i'w chwarae, mae'n bosibl gwneud hynny â llawer iawn o fynegiant a sensitifrwydd.

Falfiau cylchdro i'w chwarae â bysedd y llaw chwith

Cloch lydan yn cael ei chynnal â'r llaw dde

Tyllfedd gonigol lydan yn rhoi sain feddal

Cetyn ceg ar ffurf cwpan

BABI'R BIWGL
Dyma gorn tenor, disgynnydd o'r biwgl sy'n cael ei ddefnyddio gan filwyr. Yn y 19eg ganrif, ychwanegwyd falfiau at y biwgl gan Adolphe Sax (gw. tt.14–15). Canlyniad hyn oedd teulu cyfan o gyrn sy'n cael eu galw gan amlaf yn sacsgyrn.

Falf biston

RHYNGWLADOL
Corn Ffrengig yw'r enw'n aml ar y corn sy'n cael ei chwarae mewn cerddorfa er iddo gael ei ddatblygu yn yr Almaen. Corn dwbl yw'r offeryn hwn, dau gorn yn un. Mae'r bawd chwith yn gweithio'r falf (t.23) sy'n switsio rhwng dwy set o diwbiau wedi eu coilio. Rhydd un tiwb nodau cynnes, dwfn a'r llall nodau uchel, clir. (O'i sythu, byddai'r corn dwbl yn 9m (30tr.) o hyd!)

Mae'r llaw dde'n ffitio tu mewn i'r gloch i addasu'r nodau

AR BARÊD
Mae bandiau milwrol yn defnyddio nifer o offerynnau pres oherwydd eu sain fawr, gynhyrfus ac am eu bod yn hawdd eu cario ar barêd. Dyma res o gornetau'n arwain rhes o gyrn Ffrengig. Mae chwythbrennau fel clarinetau a sacsoffonau hefyd mewn bandiau milwrol. Offerynnau pres, gan amlaf, sydd mewn bandiau pres; ar wahân i'r drwm bas sy'n rhoi'r curiad.

CYRN O WAITH LLAW
Llun o'r 19eg ganrif yn dangos offerynnau'n cael eu gwneud mewn ffatri yn Ffrainc. Mae'r rhannau'n cael eu cydosod â llaw.

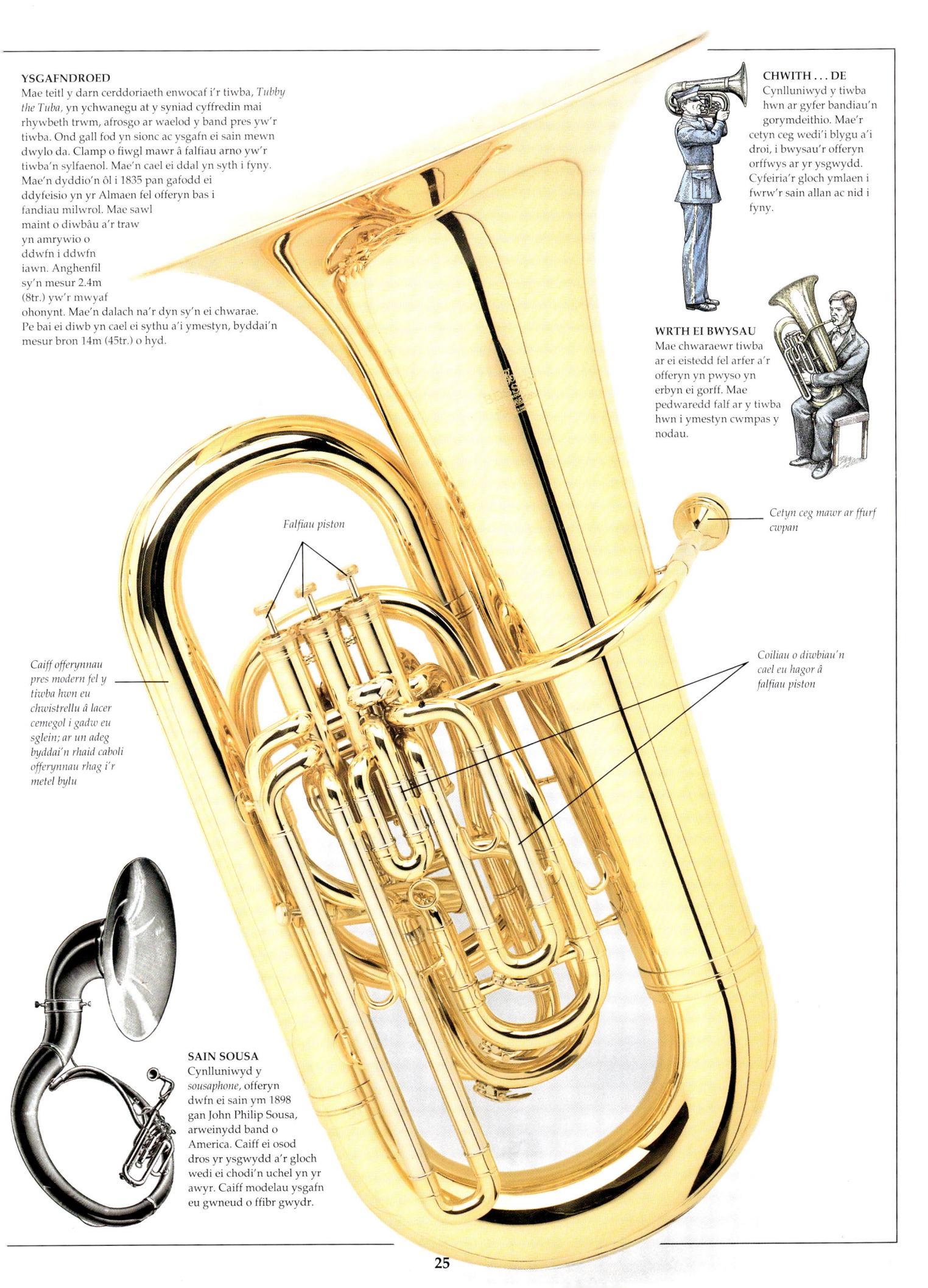

YSGAFNDROED
Mae teitl y darn cerddoriaeth enwocaf i'r tiwba, *Tubby the Tuba,* yn ychwanegu at y syniad cyffredin mai rhywbeth trwm, afrosgo ar waelod y band pres yw'r tiwba. Ond gall fod yn sionc ac ysgafn ei sain mewn dwylo da. Clamp o fiwgl mawr â falfiau arno yw'r tiwba'n sylfaenol. Mae'n cael ei ddal yn syth i fyny. Mae'n dyddio'n ôl i 1835 pan gafodd ei ddyfeisio yn yr Almaen fel offeryn bas i fandiau milwrol. Mae sawl maint o diwbâu a'r traw yn amrywio o ddwfn i ddwfn iawn. Anghenfil sy'n mesur 2.4m (8tr.) yw'r mwyaf ohonynt. Mae'n dalach na'r dyn sy'n ei chwarae. Pe bai ei diwb yn cael ei sythu a'i ymestyn, byddai'n mesur bron 14m (45tr.) o hyd.

CHWITH . . . DE
Cynlluniwyd y tiwba hwn ar gyfer bandiau'n gorymdeithio. Mae'r cetyn ceg wedi'i blygu a'i droi, i bwysau'r offeryn orffwys ar yr ysgwydd. Cyfeiria'r gloch ymlaen i fwrw'r sain allan ac nid i fyny.

WRTH EI BWYSAU
Mae chwaraewr tiwba ar ei eistedd fel arfer a'r offeryn yn pwyso yn erbyn ei gorff. Mae pedwaredd falf ar y tiwba hwn i ymestyn cwmpas y nodau.

Cetyn ceg mawr ar ffurf cwpan

Falfiau piston

Coiliau o diwbiau'n cael eu hagor â falfiau piston

Caiff offerynnau pres modern fel y tiwba hwn eu chwistrellu â lacer cemegol i gadw eu sglein; ar un adeg byddai'n rhaid caboli offerynnau rhag i'r metel bylu

SAIN SOUSA
Cynlluniwyd y *sousaphone,* offeryn dwfn ei sain ym 1898 gan John Philip Sousa, arweinydd band o America. Caiff ei osod dros yr ysgwydd a'r gloch wedi ei chodi'n uchel yn yr awyr. Caiff modelau ysgafn eu gwneud o ffibr gwydr.

Torri'r tawelwch

Dechreuodd yr astudiaeth o sain a cherddoriaeth â nodau wedi eu tynnu o lyra seml yng Ngroeg slawer dydd. Darganfu'r mathemategydd Pythagoras (c.582–507 CC), y dyn a sgwariodd yr hypotenws, fod traw nodyn sy'n cael ei gynhyrchu â thant wedi'i ymestyn yn dal perthynas â hyd y tant hwnnw. Os yw'r hydoedd sy'n cael eu defnyddio mewn cyfrannau syml fel 3 i 2 neu 4 i 5, mae'r nodau sy'n seinio mewn harmoni. Dyma'r egwyddor sydd y tu cefn i'r holl offerynnau llinynnol, a'r chwythbrennau (tt.8–9) hefyd (sy'n defnyddio colofn o aer yn lle tannau). Mae'n bosibl cynhyrchu'r gwahanol nodau trwy amrywio tyndra a phwysau'r tannau. Bysedd y ddwy law sy'n gwneud y seiniau a chynhyrchu'r nodau ar offerynnau fel y feiolin, y gitâr, a'r *sitar*. Wrth ddylanwadu mor uniongyrchol ar y traw a'r tôn mae gan y chwaraewyr ddigon o gyfle i fynegi eu hunain yn gerddorol. Mae'r sensitifrwydd hwn yn esbonio'n rhannol bwysigrwydd teulu'r feiolin mewn cerddoriaeth glasurol; tynnir bwa ar draws eu tannau i greu sain ryfeddol sy'n esgyn i'r entrychion pan fydd grŵp mawr ohonynt yn cael eu chwarae. Mae arwaith piano a thelyn yn llai uniongyrchol ond gwneir iawn am hyn gan fod arnynt lawer mwy o dannau y mae modd eu chwarae i seinio cordiau a chreu rhaeadrau o nodau.

PWYSAU CERDDOROL
Mae'n rhaid i'r tannau ar offerynnau llinynnol fod yn gryf i wrthsefyll y tyniant a'r dirgrynu wrth iddynt gael eu chwarae. Tannau o edau neilon neu weiren ddur sydd ganddyn nhw fel rheol.

Wyneb y corff gwag yw'r seinfwrdd

Seindyllau ar ffurf 'f' i fwrw'r sain allan

SEINIAU'R TANNAU

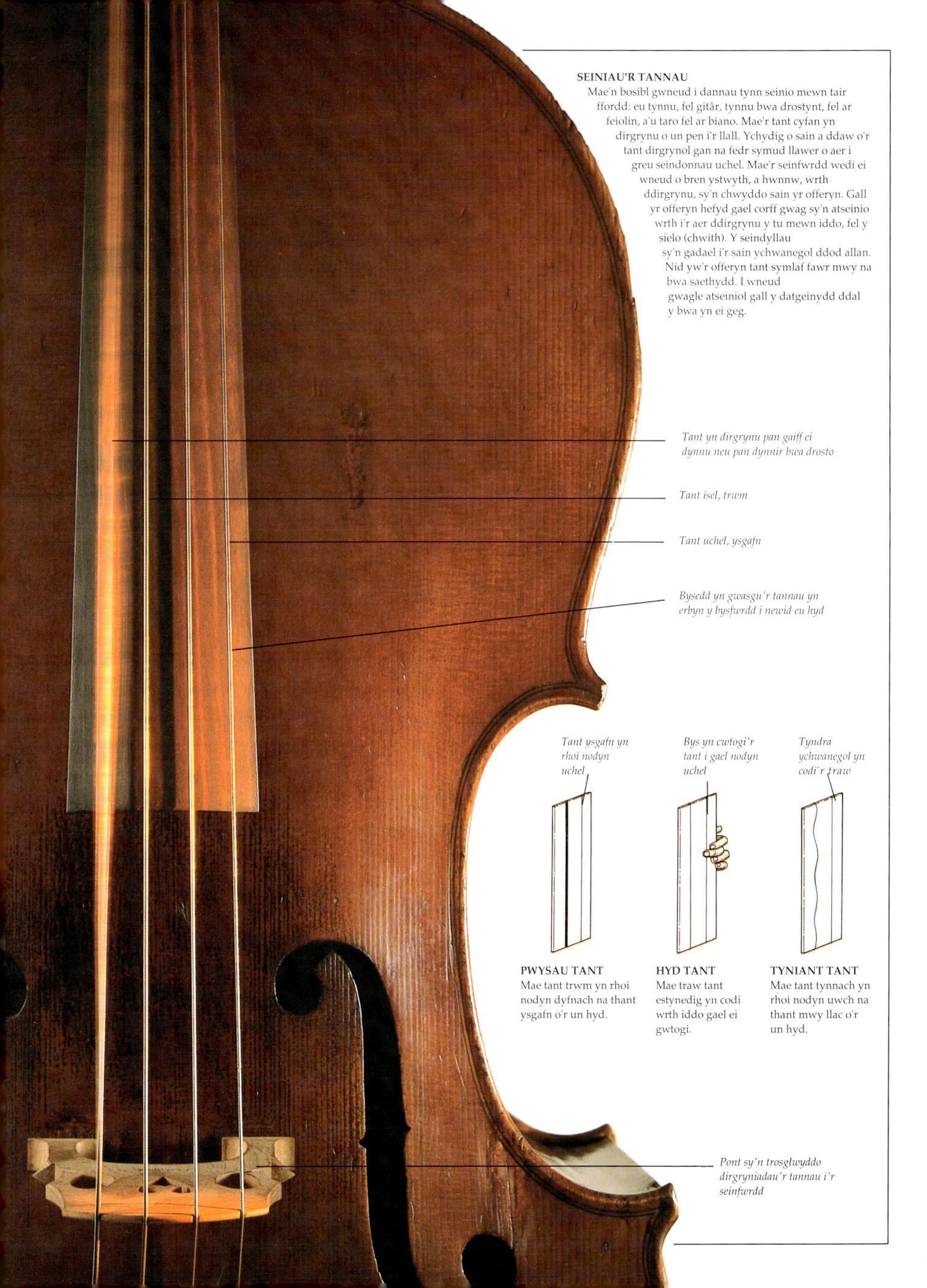

Mae'n bosibl gwneud i dannau tynn seinio mewn tair ffordd: eu tynnu, fel gitâr, tynnu bwa drostynt, fel ar feiolin, a'u taro fel ar biano. Mae'r tant cyfan yn dirgrynu o un pen i'r llall. Ychydig o sain a ddaw o'r tant dirgrynol gan na fedr symud llawer o aer i greu seindonnau uchel. Mae'r seinfwrdd wedi ei wneud o bren ystwyth, a hwnnw, wrth ddirgrynu, sy'n chwyddo sain yr offeryn. Gall yr offeryn hefyd gael corff gwag sy'n atseinio wrth i'r aer ddirgrynu y tu mewn iddo, fel y sielo (chwith). Y seindyllau sy'n gadael i'r sain ychwanegol ddod allan. Nid yw'r offeryn tant symlaf fawr mwy na bwa saethydd. I wneud gwagle atseiniol gall y datgeinydd ddal y bwa yn ei geg.

Tant yn dirgrynu pan gaiff ei dynnu neu pan dynnir bwa drosto

Tant isel, trwm

Tant uchel, ysgafn

Bysedd yn gwasgu'r tannau yn erbyn y bysfwrdd i newid eu hyd

Tant ysgafn yn rhoi nodyn uchel

Bys yn cwtogi'r tant i gael nodyn uchel

Tyndra ychwanegol yn codi'r traw

PWYSAU TANT
Mae tant trwm yn rhoi nodyn dyfnach na thant ysgafn o'r un hyd.

HYD TANT
Mae traw tant estynedig yn codi wrth iddo gael ei gwtogi.

TYNIANT TANT
Mae tant tynnach yn rhoi nodyn uwch na thant mwy llac o'r un hyd.

Pont sy'n trosglwyddo dirgryniadau'r tannau i'r seinfwrdd

Tannau cynnar ac anarferol

Pen draw canrifoedd o ddatblygiad yw'r offerynnau llinynnol bwa modern. Roedd llawer mwy o amrywiaeth yn nodweddion eu cyndeidiau nag sydd gan offerynnau safonol, modern; nodweddion fel cefnau crwm neu fflat, bysfyrddau cribellog neu heb fod yn gribellog, a nifer amrywiol o dannau yn cynnwys tannau cydseiniol. Roedd technegau chwarae'n wahanol hefyd; yr offerynnau lleiaf yn cael eu dal yn unionsyth neu yn erbyn y frest yn lle o dan yr ên. Mae'r hen nodweddion a thechnegau'n dal yn fyw mewn offerynnau gwerin ac offerynnau hynafol sy'n cael eu hadfer.

Angel â 'feiol', cerfiad pren mewn cadeirlan c.1390

Un o gyndeidiau'r feiolin yw'r rebec bychan crwn. Caiff ei chwarae â bwa a'i ddal yn llorweddol.

Pen llew cerfiedig ar sgrôl

Ebill tiwnio ifori

Patrymau pin ac inc

Pen cerfiedig ffigur o fyd mytholeg, Ariadne efallai. Mae pen Ciwpid ar lawer o offerynnau

GOGONIANT DWYREINIOL
Aiff y ffidl fwa gynharaf yn ôl i'r 10fed ganrif. Dyma ffidl sbigyn dri thant a gafodd ei gwneud yn Iran yn y 10fed ganrif. Aiff y sbigyn o'r ebillion tiwnio ifori, trwy'r gwddf ac allan trwy'r gwaelod. Offeryn pren yw, ac wedi ei addurno'n gywrain.

GEE GEFFYL BACH
Mae gan y *morin-khuur*, ffidl o Fongolia, gorff sgwâr a phen ceffyl hardd wedi'i gerfio ar y sgrôl.

Saith tant cydseiniol o dan saith tant melodig

CELFYDDYD SGANDINAFAIDD
Dyma ffidl werin hardd o Norwy, y corff wedi'i harddu â darluniau pin ac inc a'r bysfwrdd wedi'i addurno â chorn ac asgwrn. Mae pedwar tant cydseiniol islaw'r pedwar tant sy'n chwarae alawon. Cânt eu tiwnio i ddirgrynu wrth i'r tannau melodig seinio. Daeth y ffidl yn boblogaidd yn Hardanger, Norwy ym 1670. Dyddiad yr offeryn hwn yw canol yr 20fed ganrif.

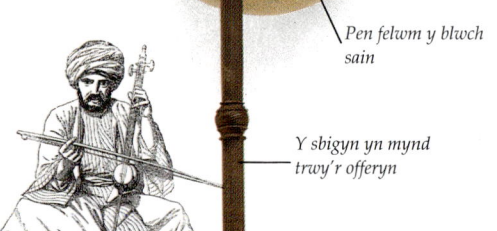

Pen felwm y blwch sain

Y sbigyn yn mynd trwy'r offeryn

Y sbigyn ar lawr ar adeg chwarae

DYLANWAD CIWPID
Mae *viola d'amore* (fiola cariad) yn swnio'n rhamantus, ond cyfeiria at y saith tant cydseiniol sy'n dirgrynu mewn cydymdeimlad â'r saith tant melodig. Mae'r tannau a siâp y corff yn debyg i'r feiol a'r fiola (t.30) caiff ei dal o dan yr ên. Nid oes ganddi gribellau. Cyfansoddodd Vivaldi ar gyfer y *viola d'amore* ond nid oes llawer o werth i'w sain egwan mewn cerddorfa. Cafodd yr offeryn hwn ei wneud ym 1774.

28

Gwddf a sgrôl wedi'u gwneud o un darn o bren

ATHRO DAWNSIO
Câi'r ffidl boced ei defnyddio gan athrawon dawnsio gan ei bod yn ddigon bychan i fynd i boced. Enw'r offeryn yn Ffrainc oedd *pochette*, y gair 'poced' llythrennol. Gallai'r athro bwysleisio â'r bwa, fel yn y llun hwn o'r 18fed ganrif.

Pen cerfiedig bychan

NODWEDDION TEULUOL
Teulu o offerynnau chwe thant yw'r feiolau sydd â chribellau fel y gitâr (t.42), ond yn cael eu chwarae â bwa. Dyma feiol fas hardd o Brydain ym 1713. Mae modd symud y gribell goludd i gyweirio'r tiwnio.

Dim ond un tant oedd gan y feiolin Stroh

Mae'n bosib troi'r corn chwyddo i gyfeirio'r sain i'r cyfeiriad iawn

DAWNSIWR BACH
Roedd y ffidl boced hon yn boblogaidd yn yr 17eg a'r 18fed ganrif. Datblygodd siâp crwn y corff o'r *rebec* canoloesol.

CEFNDER Y SIELO
Dyma beintiad Eidalaidd o'r 16eg ganrif yn dangos feiol fas ac arni rai o nodweddion y sielo (t.31), oedd yn datblygu ar y pryd. Er enghraifft, y seindyllau ar ffurf 'f'.

CHWARAE'R FEIOL
Câi'r feiol ei chwarae â'r llaw o dan y bwa i roi sain wastad a asiai'n dda. Câi'r tair feiol fwyaf, y drebl, y denor a'r fas, eu chwarae rhwng y penliniau. Buont yn boblogaidd nes iddynt gael eu disodli gan deulu'r feiolin yn y 18fed ganrif.

Corn chwyddo metel

Seindwll ar ffurf 'c' oedd ar rai aelodau teulu'r feiol

CYNLLUN OD
Y cerddor Prydeinig, Charles Stroh, a ddyfeisiodd y feiolin Stroh, neu'r ffonoffidl, ym 1901. Roedd yr un tant arni'n peri i'r diaffram wrth ochr y bont ddirgrynu, ac yna'r corn yn chwyddo'r sain a wnâi'r diaffram fel mewn *phonograph* cynnar. Câi ei ddefnyddio gan artistiaid *variety*. Ychwanegwyd cyrn chwyddo at ochrau rhai ffidlau cyffredin hefyd i'w defnyddio yn y stiwdios recordio cynnar.

Teulu'r feiolin

DAETH Y FEIOLIN i'w ffurf bresennol tua 1550. Ynghyd â'r fiola, y sielo a'r bas dwbl datblygodd i fod bron yn berffaith dros y ddwy ganrif nesaf. Llwyddodd teulu'r feiolin â'i sain gyfoethog bwerus a thechnegau chwarae a roddai fwy o fynegiant cerddorol, i oresgyn y feiolâu a'r offerynnau llinynnol eraill. Pan ddaeth y gerddorfa symffoni a'r pedwarawd llinynnol yn y 18fed ganrif, profodd teulu'r feiolin mai ef fyddai'n dominyddu cerddoriaeth glasurol y Gorllewin. Aeth y feiolin i gerddoriaeth werin hefyd a'r bas dwbl i fyd *jazz*.

DIAFOL AR Y FEIOLIN
Gwnaeth y feiolinydd Eidalaidd Nicolo Paganini (1782–1840) orchestion anhygoel ar y feiolin. Mynnai rhai ei fod yn ffrindiau gyda'r diafol am eu bod yn clywed ansawdd dieflig yn ei gerddoriaeth. Enillodd Paganini ei enwogrwydd yn bennaf â'i gerddoriaeth i'r feiolin solo, a defnyddiodd amryw o gyfansoddwyr un darn fel thema ar gyfer amrywiadau.

ATHRYLITH WRTH EI WAITH
Dywed pobl mai'r offerynnau a wnaeth Stradivarius yw'r goreuon. Nid yw'r cynllun wedi newid fawr ddim ers hynny.

OFFERYN YMARFER
Dyma offeryn od yr olwg a gafodd ei wneud gan Sais c.1910 yn arbennig ar gyfer ymarfer. Gan nad oes ganddo seinflwch, nid oes llawer o sain wrth i'r tannau gael eu tynnu neu i'r bwa gael ei dynnu drostynt. Mae'n dda ar gyfer ymarfer ar ganol nos heb darfu ar y cymdogion!

Mae siâp y bwa'n debyg i feiolin, fiola a sielo

Y tant meinaf sy'n cynhyrchu'r nodyn uchaf

Pedwarawd llinynnol (dwy feiolin, fiola a sielo), cyfuniad clasurol o gerddoriaeth siambr

FEIOLIN
Y feiolin yw'r aelod lleiaf a'r uchaf ei draw o'r teulu a chaiff ei chwarae o dan yr ên. Mae gan y tant E uchel sain ddisglair sydd wedi swyno cyfansoddwyr fel Bach a Mozart.

FIOLA
Er bod ei siâp yn ddigon tebyg i'r feiolin, mae'r fiola ychydig yn fwy ac wedi ei thiwnio'n is i gynhyrchu sain denor, gynnes. Caiff ei defnyddio'n bennaf ar gyfer rhannau mewnol mewn cerddorfa.

Feiolin
Fiola
Sielo
Bas dwbl

Cwmpas nodau teulu'r feiolin mewn cymhariaeth ag C ganol

Un ebill tiwnio i reoli un tant

SIELO
Offeryn traw-isel yw'r sielo, ei bedwar tant yn cael eu tiwnio octef yn is na'r fiola. Mae sielydd yn chwarae ar ei eistedd, y siclo'n gorffwys ar sbigyn metel. Mae'n offeryn angerddol ei fynegiant a'r tant A uchel yn cynhyrchu sain ryfeddol. Caiff ei chwarae'n solo'n aml.

Caiff y bwa bas Ffrengig ei ddal â'r bysedd yn gwthio i lawr fel bwa feiolin neu sielo

Mae sawdl fawr (t.33) ar y bwa Almaenaidd. Caiff ei ddal â'r arddwrn ar i waered a'r bawd yn gwasgu i lawr ar y bwa

BAS DWBL
Dyma aelod dyfnaf ei sain o'r teulu llinynnol, offeryn anferth sy'n gorffwys ar y llawr a'r chwaraewr yn sefyll y tu ôl iddo, ac yn mesur tua 1.9m (6tr.) o'r sgrôl i'r sbigyn. Ysgwyddau ar oleddf fel y feiol fas (t.29) sydd gan y bas dwbl hwn, nid fel rhai aelodau o deulu'r feiolin. Gellir ychwanegu pumed tant at rai offerynnau. Daw sain ddofn, gyseiniol wrth dynnu tannau'r bas dwbl. Caiff ei chwarae'n rhythmig fel hyn mewn *jazz* a cherddoriaeth werin.

Seindwll ar ffurf 'f' – nodweddiadol o deulu'r feiolin

Sawdl

Sbigyn i orffwyso'r sielo ar y llawr

Adeiladu feiolin

MAE LLUNIO FEIOLIN DDA'N GELFYDDYD arbennig gan fod y rhan fwyaf o'r offeryn yn cael ei wneud â llaw. Rhaid dewis y defnyddiau'n ofalus ac mae angen misoedd o waith caled i siapio, caboli a gosod y gwahanol rannau wrth ei gilydd. Y canlyniad yw offeryn hardd sy'n ymateb yn llwyr i'r feiolinydd. Aiff dirgryniadau'r tannau trwy'r bont i gorff gwag yr offeryn a lledaenu'n gryf a llyfn fel bod y corff i gyd yn cyseinio i gynhyrchu'r sain gyfoethog, loyw sy'n nodweddiadol o'r feiolin.

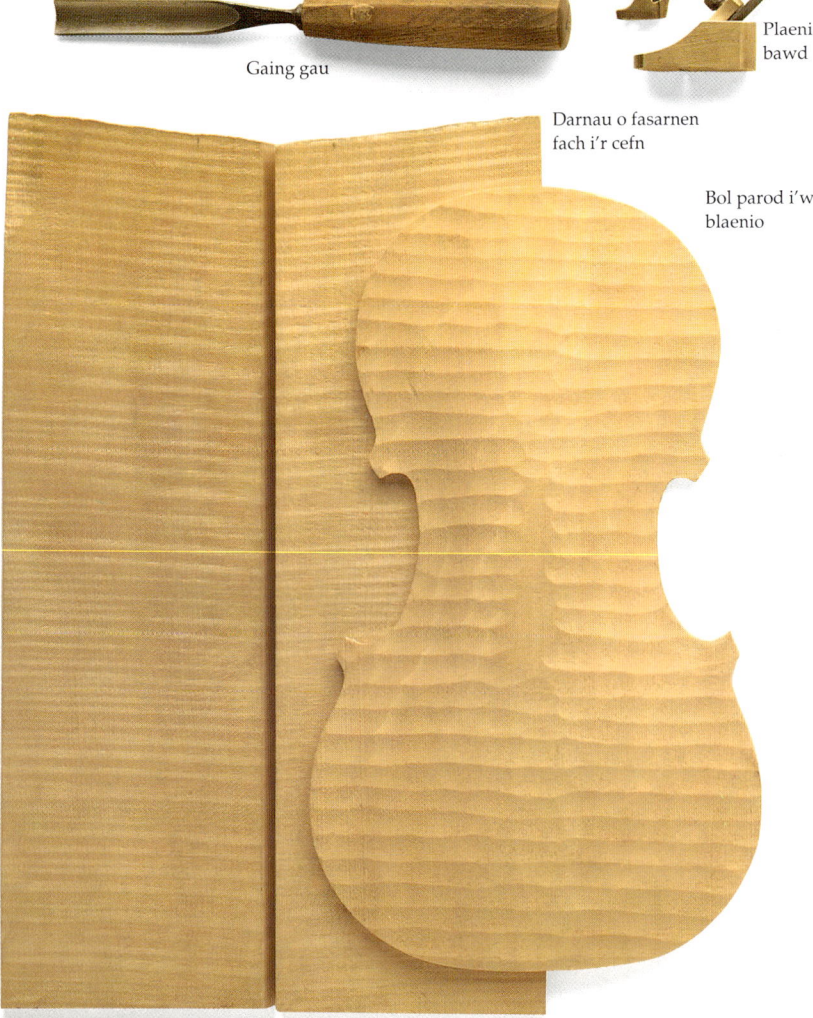

Gaing gau

Plaeniau bawd

Ychydig o wahaniaeth sydd rhwng dulliau gwneud feiolin heddiw a sgiliau traddodiadol yn y gweithdy uchod o'r 18fed ganrif

Darnau o fasarnen fach i'r cefn

Bol parod i'w blaenio

Sianel i'r rhimyn

Rhimyn cul o bren cymysg

CERFIO'R CORFF
Tafelli o bren o foncyff coeden yw man cychwyn feiolin. Rhaid i'r pren fod yn gryf ac ystwyth i roi'r sain loyw i'r offeryn. Pren meddal fel pinwydden neu byrwydden yw blaen (bol) y corff, a phren caled, masarnen fach gan amlaf, yw'r cefn. Fel rheol, caiff dau ddarn eu gludio wrth ei gilydd fel bod y graen yn rhedeg yn llyfn ar ei draws. Weithiau ceir cefnau a boliau o un darn. Patrymlun sy'n gwneud amlinelliad y cefn neu'r bol ar y darnau pren, cyn iddo gael ei lifio â lli fain. Caiff y pren ei gerfio mor agos ag sy'n bosib at siâp yr amlinelliad â gaing gau. Yna mae sawl plaen bach yn cael eu defnyddio i lefelu olion y gaing gau. Tua maint ewin bawd yw'r plaen lleiaf. Rhaid gweithio'n fanwl gan y bydd yr amrywiad lleiaf oddi wrth y dimensiwn angenrheidiol yn newid sain y feiolin. Mae canol y plât ar fymryn o dro ond gwneir yr ymylon yn fflat.

CABOLI'R CORFF
Mae teclyn arbennig i dorri sianel gul o amgylch ymyl y bol ac mae rhimyn main y tu mewn iddi. Yn draddodiadol, caiff hwn ei wneud o haenau hyblyg o fasarn bach gwyn a phren gellyg wedi ei liwio. Mae addurno'r offeryn hefyd yn cadw'r pren rhag hollti. Rhaid gorffen y cefn a'r bol trwy gerfio arwynebedd y tu mewn i'r siâp priodol. Tua 3mm (0.1 mod.) yw trwch y bol erbyn gorffen, ac mae'r cefn fymryn yn fwy trwchus ar ei ganol.

Y GWDDF A'R SGRÔL

Caiff y gwddf ei wneud a'r sgrôl ei cherfio o ddarn o fasarnen fach â llifiau main a geingiau. Rhaid gwneud pedwar twll i'r ebillion tiwnio eboni.

Sgrôl

Tyllau ebillion

Gwddf heb ei siapio

Bloc masarnen fach

Resin melyn

Pigment derw

Staen melyn cemegol

Gwaed draig

Farnais clir

FARNAIS LLIW

Caiff y farnais ei wneud o nifer o ddefnyddiau lliwio. Mae dwsin neu ragor o haenau'n cael eu rhoi ar feiolin dros gyfnod o dri i bedwar mis.

Blaen

Ebillion tiwnio eboni

Bysfwrdd eboni neu rosbren sy'n cael ei ludio i ben y gwddf

Corff gorffenedig

Mowld

Asen

Seindyllau

Blociau

Pont

Ffon

Cynffon

Tannau

Pin pen

Gên-bwys i helpu'r ên i gynnal y feiolin

Sawdl

Sgriw

Stribedi o fasarnen fach i wneud asennau

YR ASENNAU

Ochrau corff y feiolin yw'r asennau, wedi eu gwneud gan amlaf o stribedi o fasarnen fach neu sycamorwydden. Fe'u rhoddir o amgylch mowld wedi i sawl bloc pren gael eu gosod ynddo. Y blociau hyn sy'n dal yr asennau wrth ei gilydd ac wrth y corff. Caiff yr asennau eu gludio wrth y blociau wedi iddynt gael eu hyblygu â haearn plygu poeth. Yna tynnir y mowld i ffwrdd a bydd yr asennau'n barod i'w gludio wrth weddill yr offeryn.

GORFFEN Y FEIOLIN

Rhaid torri seindyllau yn y bol a gludio basfar pren hir ar hyd y tu mewn i ddosbarthu'r dirgryniadau o'r bont dros y bol. Rhaid gludio'r cefn a'r bol wrth yr asennau ac ychwanegu'r gwddf. Wedi farneisio'r holl gorff, rhaid ychwanegu'r offer gweladwy (fel y bysfwrdd). Rhaid gosod y seingyff dan y bont i gario'r dirgryniadau rhwng y bol a'r cefn.
Yr olaf i'w gosod yw'r tannau.

Y BWA

Mae rhawn ceffyl rhwng blaen a sawdl bwa feiolin. Wrth droi'r sgriw caiff y sawdl ei thynnu'n ôl i dynhau'r blew. Mae resin gludiog ar y blew i roi gwell gafael i'r bwa ar y tannau.

Telynau a lyrâu

DYMA OFFERYNNAU sy'n cael eu cysylltu'n agos â daioni; yn draddodiadol mae angylion yn cludo telynau a'r cysylltiad yn mynd yn ôl cyn belled â chwedl Orpheus a swynodd bawb â'i lyra. Maent yn offerynnau o dras hynafol ac yn bodoli dros y byd i gyd. Yn sylfaenol, tannau wedi eu hymestyn dros ffrâm ydynt, disgynyddion bwa saethydd efallai. Caiff tannau telynau a lyrâu eu tynnu gan amlaf ond mae enghreifftiau o lyrâu bwa fel y *tallharpa* Swedaidd yn Sgandinafia o hyd. Gall pob tant seinio nodyn gwahanol a chânt eu tiwnio'n aml i raddfa o nodau. Daw miwsig angylaidd fel pe'n ddiymdrech o dannau'r delyn, ond nid yw'n hawdd ei chwarae; yn ogystal â thynnu 47 o dannau mae hefyd saith pedal yn cynhyrchu gwahanol nodau.

SWYNOL SWYN
Yn y mosaig hwn o Darsus yn Nhwrci yn y 3edd ganrif, mae Orpheus yn swyno anifeiliaid â'i lyra. Mae'r chwedl Roegaidd yn adrodd sut y bu i fiwsig Orpheus swyno gymaint ar frenin Annwn nes i hwnnw ganiatáu iddo ddod â'i wraig Eurydice yn ôl o'r tanfyd. Roedd rhaid iddo beidio ag edrych arni nes cyrraedd y ddaear uwch. Methodd Orpheus â gwrthsefyll y demtasiwn a chollodd Eurydice am byth.

CELFYDDYD GYNNAR
Cafodd lyrâu fel hon, sydd i'w gweld ar faner Ur, eu chwarae gan bobl Sumer (Iraq heddiw) c.2,500 CC.

LYRA'R BARDD
Mae lŷra hen Roeg wedi goroesi yn y *beganna*, lyra ar ffurf blwch o Ethiopia a gwledydd cyfagos Affrica. Caiff ei chwarae gan y teulu brenhinol a phendefigion tra'n adrodd barddoniaeth. Caiff y tannau eu tynnu â phlectrwm a chaiff y chwe thant eu tiwnio trwy droi bariau ar y trawst uchaf. Mae'r seinflwch, dan orchudd lledr, yn dirgrynu wrth i'r tannau fynd dros y bont.

Ffrâm bren wedi'i cherfio'n gain

Pont

Patrymau wedi'u cerfio ar ledr y seinfwrdd

34

Crib *Pinnau tiwnio*

SYMBOL CENEDLAETHOL
Telyn ffrâm yw enw'r un sy'n cael ei chwarae yn y Gorllewin. Mae piler arni i gysylltu'r seinflwch â'r grib sy'n dal y tannau. Datblygodd y delyn Wyddelig â'i philer cerfiedig tua mil o flynyddoedd yn ôl. Roedd yn boblogaidd iawn yn yr Oesoedd Canol. John Egan a wnaeth y delyn fechan gywrain gludadwy hon yn Nulyn ym 1820. Arweiniodd ei chwarae at adfywio'r traddodiad o ganu'r delyn yn Iwerddon. Tannau coludd sydd arni wedi eu haddurno â phaent gwyrdd, y lliw cenedlaethol, a shamrogau aur. Mae saith bysell ar biler yr offeryn i godi traw y nodau.

GWERS DELYN
Dwy foneddiges yn dysgu canu'r delyn gyngerdd mewn peintiad Ffrengig, c.1790.

Piler

BEDDARGRAFF CERDDOROL
Dyma dystiolaeth o darddiad hynafol y delyn fwa mewn murlun Eifftaidd ar fedd Rekhmire yn Nyffryn y Pendefigion, Thebes, c.1400 CC.

Bysellau

Seinflwch

CWCH GWYDR
Dyma delyn hardd sy'n debyg i'r delyn fwa yn yr Aifft dros 4,000 o flynyddoedd yn ôl. Mae telynau bwa â'u cribau crwm wedi goroesi yn Asia ac Affrica hefyd. *Saung-gauk* yw'r offeryn hwn, offeryn cenedlaethol Burma heddiw; offeryn pren wedi'i oreuro a'i addurno â gwydr. Clymir y 13 o dannau wrth y grib ac mae pedwar seindwll ar ben y corff. Mae'r telynor yn dal y delyn yn ei gôl â'r grib o'i flaen. Mae'n tynnu'r tannau.

35

O ellyg i bysgod cyflawn

Aiff y liwt, aelod hynaf teulu'r feiolin a'r gitâr, yn ôl tua 4,000 o flynyddoedd. Caiff y tannau eu tynnu fel ar y gitâr ac mae cribell arno gan amlaf. Mae'n wahanol i'r gitâr drwy fod siâp ei gorff fel hanner gellygen. Mae'n hawdd adnabod hen liwtiau oddi wrth y nifer uchel o dannau sydd arnynt, gymaint â 13 pâr ar rai; mae'n gamp i'r liwtydd osod pedwar bys drostynt; hwyrach ei fod yn treulio mwy o amser yn tiwnio'r offeryn nag yn ei chwarae. Dyna un rheswm pam y peidiwyd â'i chwarae'n gyffredinol yn y Gorllewin tua dwy ganrif yn ôl.

Cerddor o'r 17eg ganrif â'i *colascione*

CHARANGO
Mae cefn y *charango*, liwt bychan o Dde America wedi ei wneud o groen caled armadilo. Daw'r offeryn hwn o Bolivia; mae ganddo bum pâr o dannau. Erbyn hyn mae'r armadilo'n cael ei warchod, a chefnau pren sydd i'r *charango* modern.

Liwt clasurol cefngrwm o'r 15fed ganrif

PLYGU'N ÔL
Mae blychau ebill liwt yn plygu'n ôl ar onglau cymedrol neu serth. Gallant hefyd fod â pharau o dannau yn lle tannau unigol.

LIWT ARABAIDD
Datblygodd y liwt clasurol o'r *'ud*, liwt Arabaidd a ddaeth i Ewrop yn y 13eg ganrif. Nid yw'r *'ud* hwn o Foroco ond deugain oed. Mae ganddo flwch ebill siâp S, corff dyfnach a gwddf meinach na'r liwt clasurol oedd yn boblogaidd yn Ewrop yn y 15fed a'r 16eg ganrif.

Câi croen yr armadilo ei sychu mewn mowld i roi'r siâp iawn iddo

Armadilo chwe-band

Pum pâr o dannau agored

Chwe phâr o dannau a dau dant sengl

TANT TYNN
Cafodd y liwt baróc hwn ei wneud yn y 18fed ganrif gan Johann Christian Hoffmann, cyfaill i J.S. Bach. Mae'n fath arbennig o liwt bas â dau flwch ebill. Mae arno 14 o dannau, i'w stopio â'r bysedd ar fysfwrdd heb gribell, a 10 tant bas agored. Câi ei ddefnyddio i chwarae *continuo* (llinell fas a chordiau) yng ngherddoriaeth baróc y cyfnod.

Liwt fyddai'n cyfeilio'n aml

Blwch ebill ar wahân i'r tannau agored

Blwch ebill i'r tannau bysedig

BYSEDDU PYSGODYN
Yn bur aml nid yw bowlen ddofn y liwt clasurol gan y liwtiau sy'n cael eu chwarae mewn cerddoriaeth werin, rhai fel y *rajao* hwn, offeryn o Bortiwgal ar ffurf pysgodyn. Mae â phum tant unigol arno, a daw o Fadeira'r 19eg ganrif.

Pum ebill tiwnio yn y 'gynffon'

Bysfwrdd cribellog

Seindwll siâp calon

TRI THANT
Dyma wraig o Fongolia yn ei gwisg draddodiadol yn chwarae'r *san xian*, liwt Chineaidd tebyg i'r *shamisen* Japaneaidd. Ystyr yr enw yw tri thant.

Ebill tiwnio

SYNAU O RWSIA
Mae gan y *balalaica* Rwsiaidd gorff trionglog â chefn fflat a thri thant. Yma mae'r blwch ebill wedi'i gerfio ar lun dau ben ceffyl. Liwtiau cerddoriaeth werin yw'r *mandolin* o'r Eidal a'r *bouzouki* o Roeg. Mae cerddorion yn aml yn chwarae alaw trwy dynnu ar un tant drosodd a throsodd â phlectrwm.

Tri thant neilon neu sidan

Corff siâp pysgodyn – heb fowlen ddofn y liwt clasurol

Tri thant

Asennau o sandalbren, morwydden neu bren cwins

Bol a chefn o groen cath

Plectrwm asgwrn

GWDDF HIR
Dyma'r *shamisen*, liwt â gwddf hir sy'n boblogaidd yn Japan. Caiff ei chwarae, er enghraifft, yn y theatr *kabuki* yn gyfeiliant i ddramâu traddodiadol. Mae modd tiwnio'r tri thant mewn sawl ffordd gan gynnwys un ar gyfer cerddoriaeth gomig. Defnyddia'r offerynnwr blectrwm asgwrn, *bachi*, i daro tannau a bol croen cath y *shamisen*. Mae'r bol wedi ei gryfhau â memrwn oherwydd yr holl daro.

TE YN JAPAN
Seremoni amser te yn Japan i gyfeiliant dau liwt, y *shamisen* (chwith) a'r *biwa* gwddf byr (canol). Datblygodd y *biwa* o'r *pipa* Chineaidd. Daeth hwnnw i Japan fil o flynyddoedd yn ôl.

O gicaion i fwrdd

YCHYDIG IAWN O DDEFNYDDIAU sydd eu hangen i wneud sither daear o Affrica a de-ddwyrain Asia; rhaid gwneud twll yn y ddaear, ymestyn llinyn ar ei draws a rhoi twang i'r llinyn. Mae hyn yn creu nodyn wrth i'r aer gyseinio yn y twll. Dyma'r egwyddor sy'n cysylltu'r holl sitherau sydd â thannau wedi eu hymestyn dros seinflwch arnynt; mae tynnu neu daro'r tannau'n gwneud i'r seinflwch ddatseinio â cherddoriaeth. Dyma offerynnau poblogaidd iawn mewn cerddoriaeth werin, ac ar un adeg yn China roedd gan y sither *qin* statws breintiedig a byddai'n ysbrydoli damcaniaethau athronyddol. Mae'n hawdd chwarae'r sither, a chael alaw dim ond wrth dynnu'r tannau. Gellir chwarae alaw a chyfeiliant wrth ddefnyddio dwy law a set fawr o dannau. Â bysfwrdd a chribellau gall rhai o'r tannau alaw chwarae tiwn, tra mae'r tannau agored yn cyfeilio.

Stribedi'n dirgrynu rhwng y pontydd
Pont gansen
Cicaion gwag yn cyseinio

STRIBEDI CANSEN
Darnau tenau o gansen wedi eu torri o gorff 'rafft' fambŵ yw tannau'r sither rafft hwn o Nigeria.

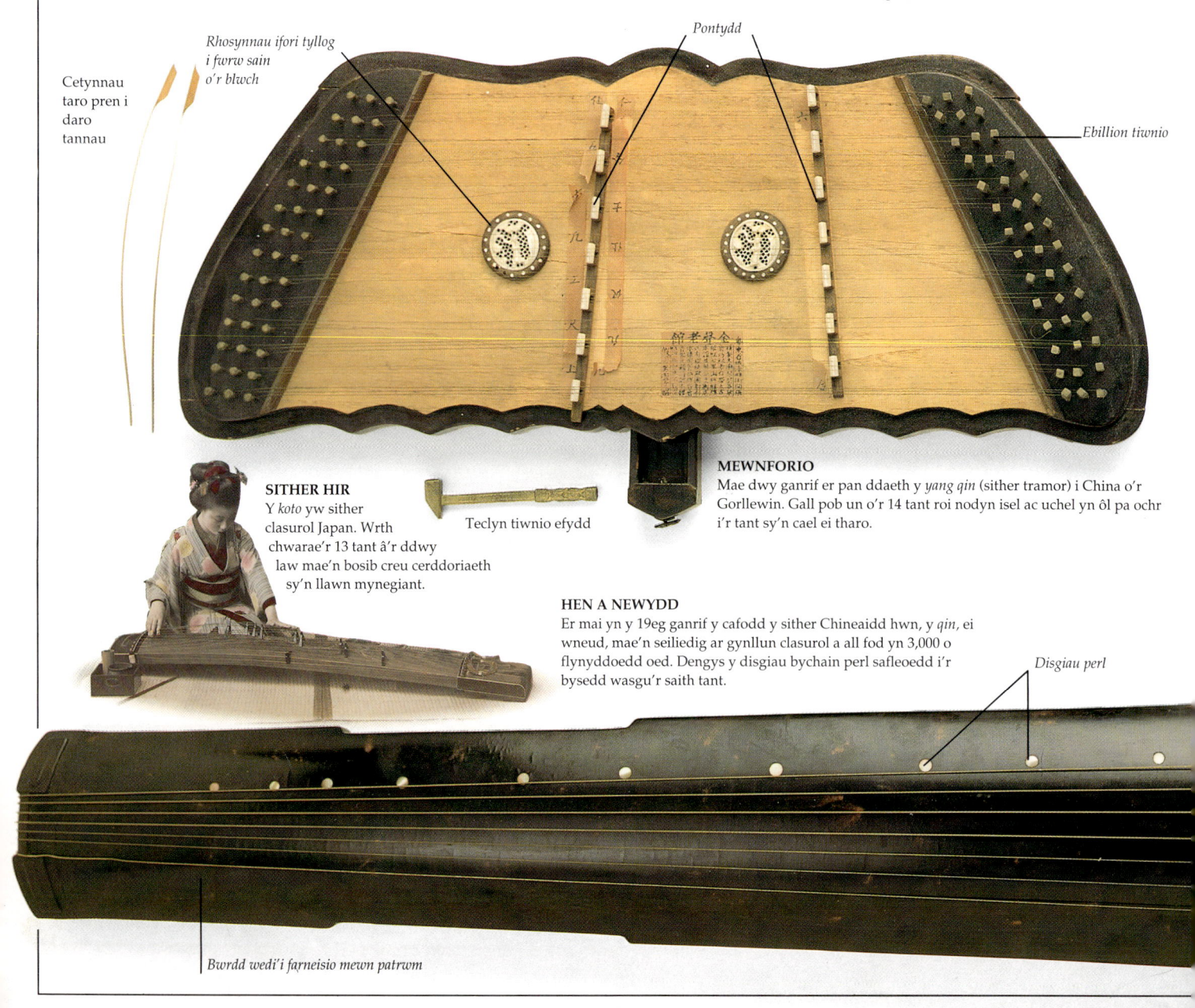

Cetynnau taro pren i daro tannau
Rhosynnau ifori tyllog i fwrw sain o'r blwch
Pontydd
Ebillion tiwnio

SITHER HIR
Y *koto* yw sither clasurol Japan. Wrth chwarae'r 13 tant â'r ddwy law mae'n bosib creu cerddoriaeth sy'n llawn mynegiant.

Teclyn tiwnio efydd

MEWNFORIO
Mae dwy ganrif er pan ddaeth y *yang qin* (sither tramor) i China o'r Gorllewin. Gall pob un o'r 14 tant roi nodyn isel ac uchel yn ôl pa ochr i'r tant sy'n cael ei tharo.

HEN A NEWYDD
Er mai yn y 19eg ganrif y cafodd y sither Chineaidd hwn, y *qin*, ei wneud, mae'n seiliedig ar gynllun clasurol a all fod yn 3,000 o flynyddoedd oed. Dengys y disgiau bychain perl safleoedd i'r bysedd wasgu'r saith tant.

Disgiau perl

Bwrdd wedi'i farneisio mewn patrwm

FFON GERDDOROL
Mae'n bosibl gweld pob egwyddor cynhyrchu seiniau cerddorol o offerynnau llinynnol i'w dal â llaw, yn y *tzeze*, sither ffon syml o Uganda. Clymir tant wrth ddeupen ffon. Wrth dynnu ag un llaw mae'r tant yn seinio a hwnnw'n dirgrynu a pheri i'r cicaion gyseinio. Wrth wasgu'r cribellau â bysedd y llaw arall mae'r tant yn cwtogi a hynny'n amrywio traw y nodyn sy'n cael ei seinio.

NABL SIAPUS
Sither canoloesol oedd y nabl. Weithiau câi ei wneud ar ffurf anghyffredin, fel pen mochyn hyd yn oed, â thannau o wahanol hyd arno. Datblygodd y nabl o'r *qanum*, sither o'r Dwyrain Canol a ddaeth i Ewrop yn yr 11eg ganrif.

Darnau o bren wedi eu gosod i mewn

Cribellau

Tannau i'w tynnu â'r bysedd

Cicaion cau

Ffon

Bysfwrdd dwbl

TEBYG I'R LIWT
Mae'r *bandura*, offeryn traddodiadol o'r Ukrain, yn cyfuno nodweddion y sither a'r liwt (t.36). Mae'r bysedd yn gwasgu'r tannau alaw ar y bysfwrdd dwbl a'r tannau agored yn cael eu tynnu i gyfeilio i'r alaw. Dyma offeryn a wnaed c.1945 â cherfiadau o ddail derw ac addurniadau cymhleth.

Chwaraewr sither fel addurn

Tannau alaw

Tannau agored

TIWB TWANGIO
Ynys Madagascar ger arfordir de-ddwyrain Affrica yw cartre'r *valiha*, sither tiwb syml. Caiff ei wneud o un darn o fambŵ; torrir y tannau a'u gadael ynghlwm wrth y ddau ben. I'r tannau ddirgrynu, rhaid rhoi darnau bychain o bren oddi tanynt. Mae'r offerynnwr yn dal y tiwb i fyny neu o dan ei fraich ac yn tynnu'r tannau tynn â'i fysedd. Ceir sither tiwb yn ne-ddwyrain Asia hefyd.

Addurn perl

Dail derw wedi eu cerfio

Tannau India

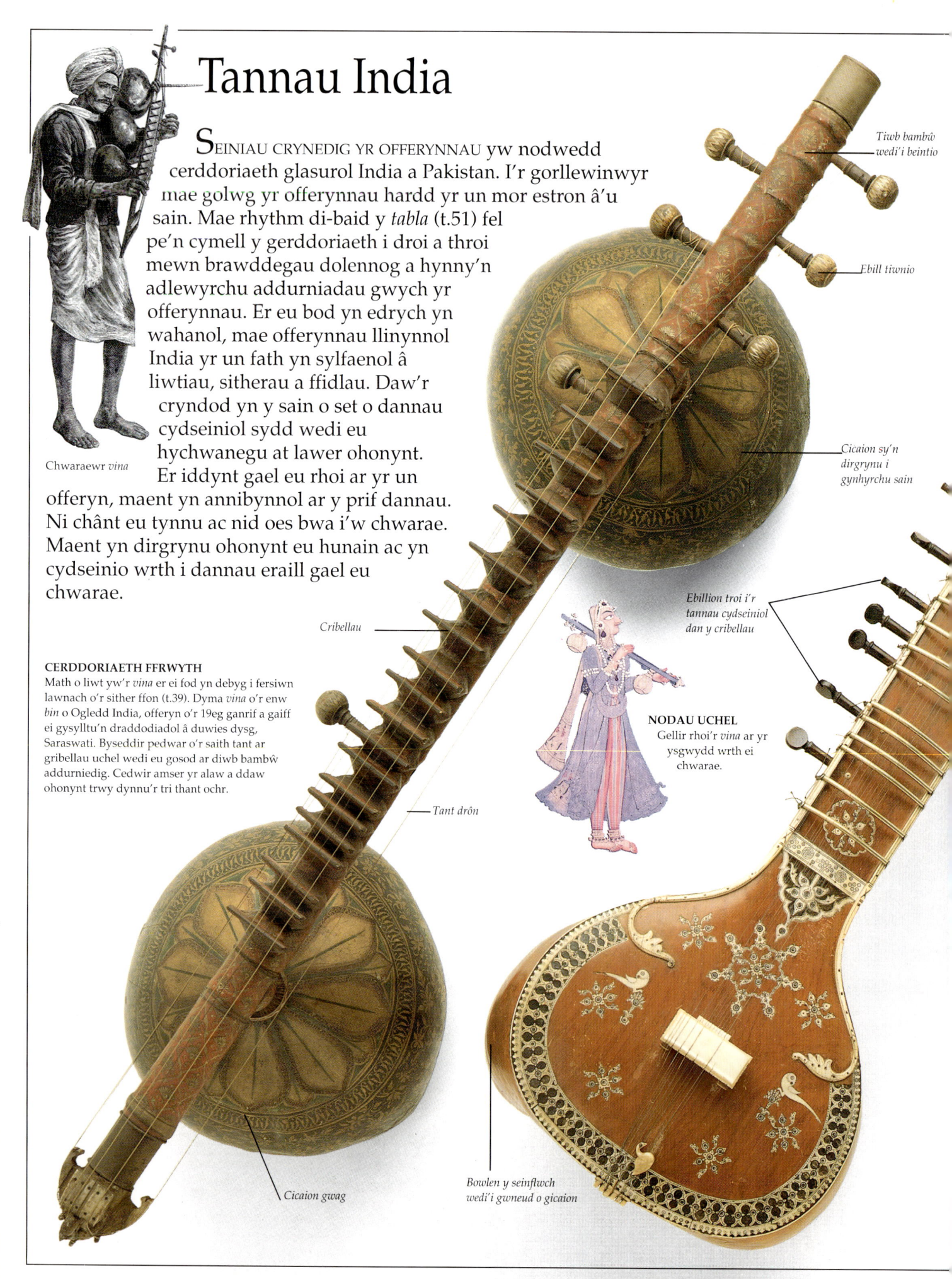

SEINIAU CRYNEDIG YR OFFERYNNAU yw nodwedd cerddoriaeth glasurol India a Pakistan. I'r gorllewinwyr mae golwg yr offerynnau hardd yr un mor estron â'u sain. Mae rhythm di-baid y *tabla* (t.51) fel pe'n cymell y gerddoriaeth i droi a throi mewn brawddegau dolennog a hynny'n adlewyrchu addurniadau gwych yr offerynnau. Er eu bod yn edrych yn wahanol, mae offerynnau llinynnol India yr un fath yn sylfaenol â liwtiau, sitherau a ffidlau. Daw'r cryndod yn y sain o set o dannau cydseiniol sydd wedi eu hychwanegu at lawer ohonynt. Er iddynt gael eu rhoi ar yr un offeryn, maent yn annibynnol ar y prif dannau. Ni chânt eu tynnu ac nid oes bwa i'w chwarae. Maent yn dirgrynu ohonynt eu hunain ac yn cydseinio wrth i dannau eraill gael eu chwarae.

Chwaraewr vina

Tiwb bambŵ wedi'i beintio

Ebill tiwnio

Cicaion sy'n dirgrynu i gynhyrchu sain

Cribellau

Ebillion troi i'r tannau cydseiniol dan y cribellau

CERDDORIAETH FFRWYTH

Math o liwt yw'r *vina* er ei fod yn debyg i fersiwn lawnach o'r sither ffon (t.39). Dyma *vina* o'r enw *bin* o Ogledd India, offeryn o'r 19eg ganrif a gaiff ei gysylltu'n draddodiadol â duwies dysg, Saraswati. Byseddir pedwar o'r saith tant ar gribellau uchel wedi eu gosod ar ddwb bambŵ addurniedig. Cedwir amser yr alaw a ddaw ohonynt trwy dynnu'r tri thant ochr.

Tant drôn

NODAU UCHEL
Gellir rhoi'r *vina* ar yr ysgwydd wrth ei chwarae.

Cicaion gwag

Bowlen y seinflwch wedi'i gwneud o gicaion

CÂN ADERYN
Dyma *sitar* o'r 20fed ganrif; math o liwt hir â saith prif dant sy'n mynd dros gribellau bwaog metel. Mae'r rhain yn caniatáu i'r offerynnwr dynnu'r tannau a phlygu'r nodau i gynhyrchu sain gordeddog y *sitar*.

SAIN INDIA
Ravi Shankar a cherddorion Indiaidd enwog eraill sy'n gyfrifol am beri mai'r *sitar* yw offeryn Indiaidd mwyaf poblogaidd y Gorllewin. Trwyddynt hwy, daethom yn gyfarwydd â gweld chwaraewr *sitar* yn eistedd ar y llawr.

Ebillion tiwnio pren

ISLIF
Liwt hir yw'r *tambura* hefyd. Mae'n cyfeilio i'r *sitar* mewn cerddoriaeth Indiaidd, y *tambura*'n creu'r sain hymian cyson dan lifeiriant alaw gynhyrfus y *sitar*. Mae'r ffigurau addurnol yn cynrychioli Rama a'i wraig Sita, cymeriadau cerdd epig Hindwaidd hynafol.

Ebillion tiwnio ar hyd y gwddf

BALCH FEL PAUN
Offeryn godidog sy'n cael ei chwarae â bwa yw'r *dilruba*. Mae ganddo gorff fel *sarangi* a gwddf a thannau fel *sitar*. Mae'r seinfwrdd ar ffurf paun. Enw arall arno yw *mayuri* neu *ta'us*, y ddau air yn golygu paun. Byddai sitarau paun fel hwn yn ychwanegu at ysblander llysoedd y tywysogion Indiaidd.

Pont ifori

Cerddor yn chwarae ffidl debyg i'r sarangi

Plu paun i addurno'r offeryn

Offeryn â gwasg o un darn o bren

Rhaid agor gwddf y paun i adnewyddu'r tannau

Seinfwrdd wedi'i addurno

GWASG FAIN
Sarangi yw'r ffidl Indiaidd. Mae offerynwyr yn dal y corff trwchus i fyny'n syth a'i chwarae â bwa. Aiff tannau cydseiniol trwy'r tyllau yn y bysfwrdd llydan.

41

Creu gitâr

Mae'r gitar acwstig yn cael ei gysylltu gymaint â Sbaen nes ei fod yn aml yn cael ei alw'n gitâr Sbaenaidd. Mae'r *flamenco*, cerddoriaeth werin Sbaen, yn enwog am ei miwsig gitâr cyffrous a'i dawnsio egnïol. Hwyrach i'r offeryn sydd â chorff ar ffurf rhif wyth ddod i Sbaen o Ogledd Affrica; gall fod yn ddisgynnydd i'r liwtiau fel yr *'ud* (t.36). Câi'r gitâr ei chwarae dros Ewrop i gyd erbyn yr 17eg ganrif. Heddiw mae gitarau trydan ac acwstig (tt.58–9) yn cael eu chwarae drwy'r byd gan ddominyddu cerddoriaeth boblogaidd a llawer o gerddoriaeth werin America ac Ewrop.

Yn y llun hwn o chwaraewr gitâr Sbaenaidd yn y 19eg ganrif, mae'r offeryn fel y mae heddiw.

GITÂR CLASUROL
Dyma ffurf draddodiadol y gitâr clasurol (gitâr Sbaenaidd). Mae ganddo wddf llydan a chwe thant, rhai neilon fel rheol. Aiff y cynllun yn ôl i ganol y 19eg ganrif, pan gafodd ei berffeithio gan y saer Sbaenaidd, Torres (Antonio de Torres Jurado). Fel rheol mae plât ar gitâr sy'n cael ei chwarae mewn cerddoriaeth boblogaidd i'w warchod rhag olion bysedd.

Y bloc uchaf sy'n uno'r gwddf a'r corff

Eisen i gryfhau'r seinfwrdd

Mowld

Ymylwaith pren wedi ei ludio ar hyd ymylon yr asennau

Gitâr pen fflat â phlât gwarchod

Gitâr clasurol

GWNEUD Y SEINFWRDD
Y seinfwrdd, rhan ucha'r corff o dan y tannau, yw rhan bwysicaf y gitâr. Caiff ei wneud o ddau ddarn o bren pîn, sbriws, cedrwydden neu bren coch, wedi eu gludio ynghyd, eu torri a'u siapio. Neu mae'n bosibl ei wneud o sawl trwch o bren haenog. Rhaid cryfhau'r seinfwrdd trwy ludio ais y tu mewn iddo ar batrwm arbennig sy'n hanfodol i dôn y gitâr. Gwneir ochrau'r gitâr o ddau stribed o bren cnau Ffrengig, rhosbren, mahogani, masarnen fach neu fasarnen. Caiff y stribedi eu twymo a'u siapio mewn mowld. Mae blociau ac ymylwaith o flociau y tu mewn i'r asennau yn gwneud uniadau da i'r seinfwrdd a'r rhannau eraill.

Tant E isel   Tant A   Tant D   Tant G   Tant B   Tant E uchel

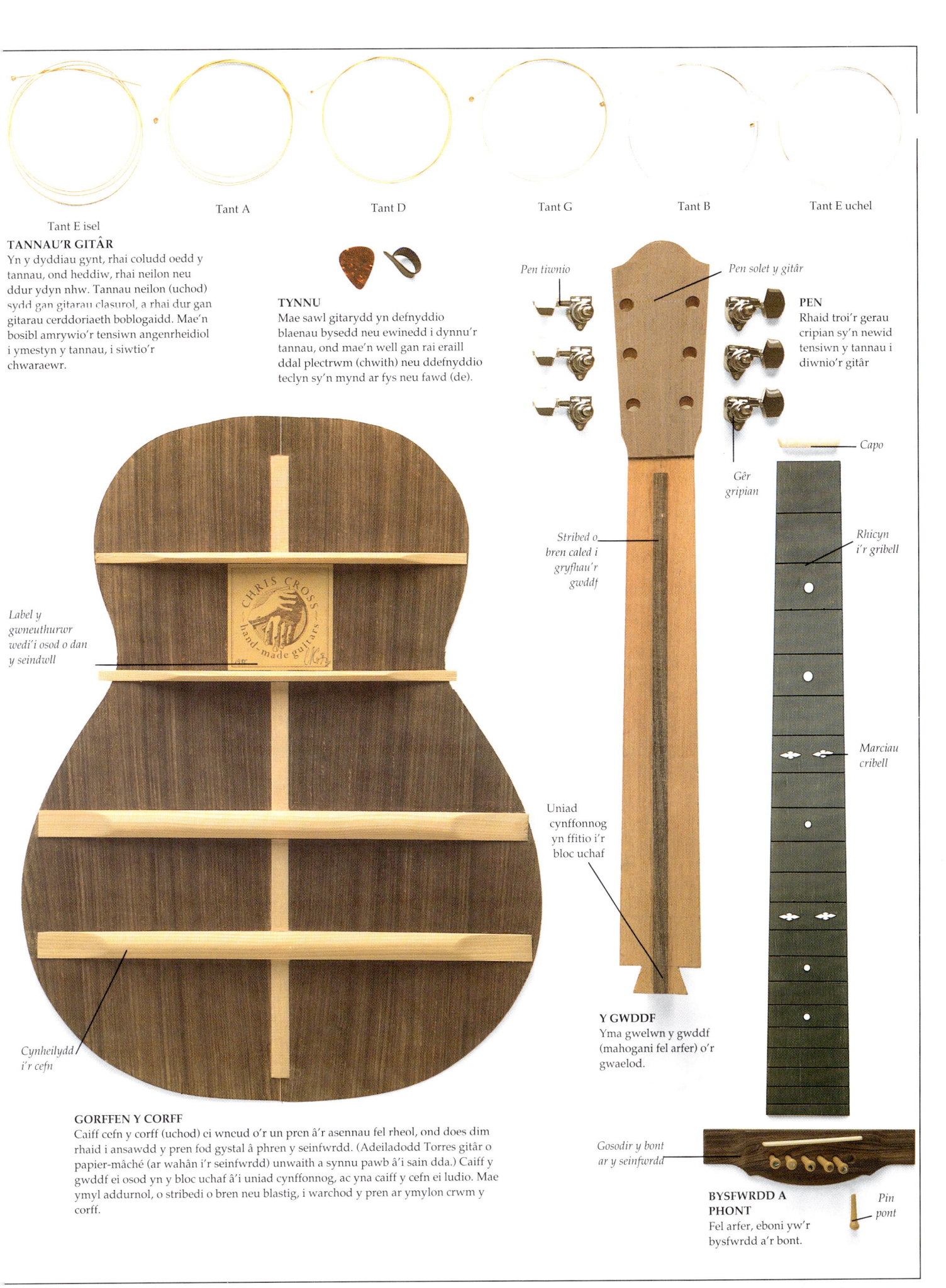

TANNAU'R GITÂR
Yn y dyddiau gynt, rhai coludd oedd y tannau, ond heddiw, rhai neilon neu ddur ydyn nhw. Tannau neilon (uchod) sydd gan gitarau clasurol, a rhai dur gan gitarau cerddoriaeth boblogaidd. Mae'n bosibl amrywio'r tensiwn angenrheidiol i ymestyn y tannau, i siwtio'r chwaraewr.

TYNNU
Mae sawl gitarydd yn defnyddio blaenau bysedd neu ewinedd i dynnu'r tannau, ond mae'n well gan rai eraill ddal plectrwm (chwith) neu ddefnyddio teclyn sy'n mynd ar fys neu fawd (de).

Pen tiwnio

Pen solet y gitâr

PEN
Rhaid troi'r gerau cripian sy'n newid tensiwn y tannau i diwnio'r gitâr

Gêr gripian

Capo

Stribed o bren caled i gryfhau'r gwddf

Rhicyn i'r gribell

Label y gwneuthurwr wedi'i osod o dan y seindwll

Marciau cribell

Uniad cynffonnog yn ffitio i'r bloc uchaf

Y GWDDF
Yma gwelwn y gwddf (mahogani fel arfer) o'r gwaelod.

Cynheilydd i'r cefn

GORFFEN Y CORFF
Caiff cefn y corff (uchod) ei wncud o'r un pren â'r asennau fel rheol, ond does dim rhaid i ansawdd y pren fod gystal â phren y seinfwrdd. (Adeiladodd Torres gitâr o papier-mâché (ar wahân i'r seinfwrdd) unwaith a synnu pawb â'i sain dda.) Caiff y gwddf ei osod yn y bloc uchaf â'i uniad cynffonnog, ac yna caiff y cefn ei ludio. Mae ymyl addurnol, o stribedi o bren neu blastig, i warchod y pren ar ymylon crwm y corff.

Gosodir y bont ar y seinfwrdd

BYSFWRDD A PHONT
Fel arfer, eboni yw'r bysfwrdd a'r bont.

Pin pont

43

Cyweirnodau

GALL MEISTROLI NIFER O DANNAU fel rhai'r sither (t.38) fod yn dipyn o dasg. Ond cafodd problem y bysedd briw ei datrys trwy ychwanegu llawfwrdd yn y 15fed ganrif. Câi'r rhain eu defnyddio i seinio setiau o bibau mewn organau (t.18) ers canrifoedd, ond bu eu defnyddio i seinio tannau'n fodd i ddatblygu offerynnau cartref llawer mwy mynegiadol. Gweithiai'r nodau fecanwaith a dynnai'r tannau yn y spined, y firdsinal a'r mwyaf ohonynt – yr harpsicord. Oherwydd cwmpas cyfyng y foliwm a gâi ei gynhyrchu ganddynt dyfeisiwyd y piano, offeryn llawfwrdd oedd yn morthwylio'r tannau i greu sain dawel ac uchel, sef *piano* a *forte* mewn Eidaleg.

Stop cynnal sain

Tant sy'n dirgrynu

Damper

Tant

Jac

Nodyn

Plectrwm

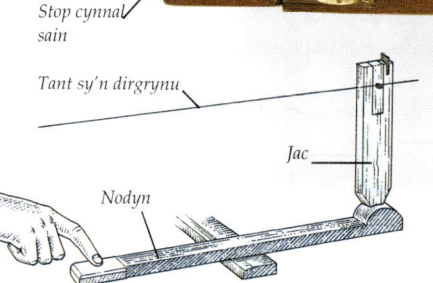

GWASGU NODYN
Wrth wasgu nodyn ar spined, firdsinal neu harpsicord bydd yn codi jac â chwilsyn neu blectrwm arno i dynnu'r tant.

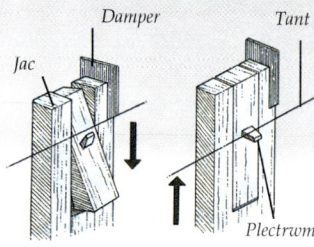

GOLLWNG NODYN
Mae'r plectrwm yn troi oddi wrth y tant wrth i'r damper ddisgyn.

FIRDSINAL
Yn y darlun hwn o'r 17eg ganrif gan Vermeer, yr arlunydd o'r Iseldiroedd, mae merch yn eistedd wrth lawfwrdd firdsinal. Mae tirlun wedi ei beintio ar du mewn i gaead ei hofferyn. Mae tannau'r offeryn hwn bron yn gyfochrog â'r llawfwrdd oherwydd siâp y câs.

Llawfwrdd pedair octef

CRI O'R GALON

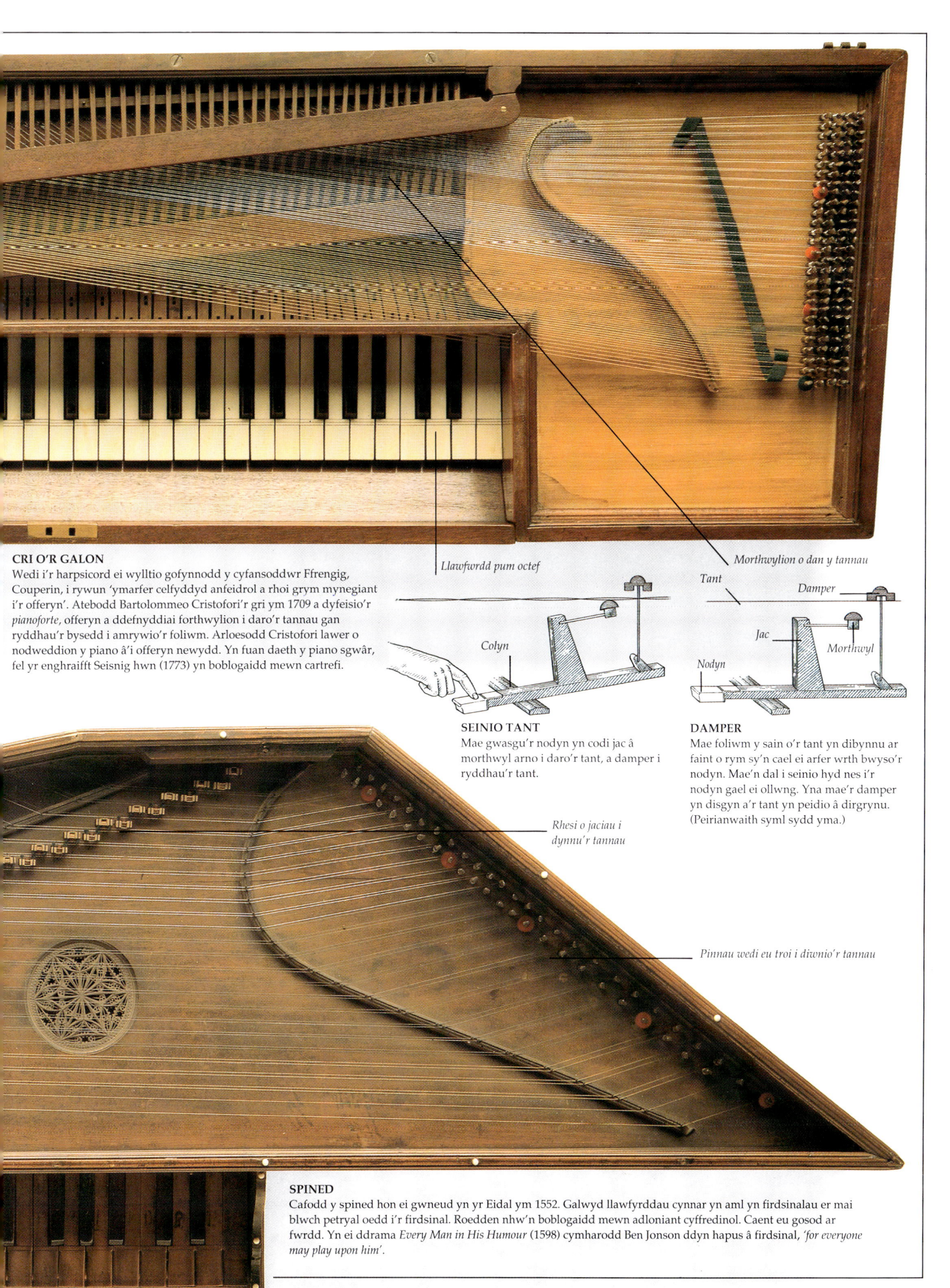

Wedi i'r harpsicord ei wylltio gofynnodd y cyfansoddwr Ffrengig, Couperin, i rywun 'ymarfer celfyddyd anfeidrol a rhoi grym mynegiant i'r offeryn'. Atebodd Bartolommeo Cristofori'r gri ym 1709 a dyfeisio'r *pianoforte*, offeryn a ddefnyddiai forthwylion i daro'r tannau gan ryddhau'r bysedd i amrywio'r foliwm. Arloesodd Cristofori lawer o nodweddion y piano â'i offeryn newydd. Yn fuan daeth y piano sgwâr, fel yr enghraifft Seisnig hwn (1773) yn boblogaidd mewn cartrefi.

Llawfwrdd pum octef

Morthwylion o dan y tannau

Colyn

Tant

Damper

Jac

Nodyn

Morthwyl

SEINIO TANT
Mae gwasgu'r nodyn yn codi jac â morthwyl arno i daro'r tant, a damper i ryddhau'r tant.

DAMPER
Mae foliwm y sain o'r tant yn dibynnu ar faint o rym sy'n cael ei arfer wrth bwyso'r nodyn. Mae'n dal i seinio hyd nes i'r nodyn gael ei ollwng. Yna mae'r damper yn disgyn a'r tant yn peidio â dirgrynu. (Peirianwaith syml sydd yma.)

Rhesi o jaciau i dynnu'r tannau

Pinnau wedi eu troi i diwnio'r tannau

SPINED

Cafodd y spined hon ei gwneud yn yr Eidal ym 1552. Galwyd llawfyrddau cynnar yn aml yn firdsinalau er mai blwch petryal oedd i'r firdsinal. Roedden nhw'n boblogaidd mewn adloniant cyffredinol. Caent eu gosod ar fwrdd. Yn ei ddrama *Every Man in His Humour* (1598) cymharodd Ben Jonson ddyn hapus â firdsinal, *'for everyone may play upon him'*.

Pianos traws a syth

Y pianydd a'r cyfansoddwr *virtuoso* Franz Liszt ym 1824

NID OES GAN YR UN OFFERYN SOLO arall gymaint o rym â'r piano. Gall ymateb ar unwaith i gyffyrddiad bysedd. Mae'r gallu i chwarae nodyn gwahanol â phob bys a pheri i bob nodyn seinio'n dawel neu'n uchel yn rhoi cwmpas eang o fynegiant i'r piano. Gall pianydd greu cerddoriaeth odidog ar ei ben ei hun neu gyda cherddorfa. Mae lle amlwg i'r piano hefyd mewn miwsig poblogaidd a *jazz* lle mae'n medru cynnal neu reoli offerynnau eraill. Pianos traws yw'r rhai gorau, pianos mawr o ran maint a sain. Mae'r piano syth yn fwy cyffredin gan ei fod yn rhatach ac yn cymryd llai o le. Dylai piano syth da roi sain lawn a chlir er gwaetha'i faint a'i siâp.

Tannau sengl trwchus tua'r un hyd â'r tannau canolig sydd i'r nodau bas

PIANO YN Y PARLWR
Roedd y piano'n fwy poblogaidd ganrif yn ôl cyn i'r radio a'r gramoffon ddod â cherddoriaeth i'r cartref. Byddai pobl yn canu o amgylch y piano a byddai gwestyau'n hysbysebu bod ganddynt biano fel y bydd motels heddiw'n hysbysebu teledu lliw.

Y CÂS
Dyma biano traws addurnol (1878) nodweddiadol o'i gyfnod, ond ni newidiodd siâp sylfaenol y piano fawr ddim er pan gafodd ei ddyfeisio ym 1709. Mae'r câs wedi ei siapio i ddal y tannau bas hir a'r rhai trebl byrrach.

Câs pren

Seinfwrdd o bîn, sbriws neu bren cyffelyb

Tri thant i bob nodyn trebl i seinio'n uwch

TENSIWN
Ym mhob piano mae tannau metel wedi eu hymestyn yn dynn ar ffrâm ddur. Wrth i'r pianydd bwyso ar y nodau, mae morthwylion blaen-ffelt yn taro'r tannau a gwneud iddynt ddirgrynu. Mae hyn yn gwneud i'r seinfwrdd o dan y tannau gyseinio a chreu sain unigryw yr offeryn.

Llawfwrdd 88-nodyn

Mae piano yn cynnwys system gymhleth o liferi i weithio'r morthwylion a'r damperau

Morthwylion blaen-ffelt

Pinnau tiwnio

Pedal meddal sy'n codi lifer i symud y morthwylion yn nes at y tannau

Pedal cynnal neu 'uchel' i godi'r damperau oddi ar y tannau i gynnal y sain

Tannau dwbl i'r nodau canolig

Tannau'n tynnu ar y ffrâm ddur â grym tua 18 tunnell fetrig

47

Gwrthdaro cerddorol

RHAID BYSEDDU FEIOLIN YN DDEHEUIG a chwythu ffliwt yn deimladol i ddenu'r gerddoriaeth ohonynt, ond ni raid gwneud mwy na tharo offerynnau taro neu eu hysgwyd neu ruglo rhywbeth drostynt i greu sain. Tybed? Nid peth hawdd yw chwarae offerynnau taro, gan fod rhaid defnyddio'r union faint o rym sydd ei angen i wneud i'r offeryn ddirgrynu yn y ffordd iawn. Rhaid i'r croen sydd wedi'i ymestyn ym mhen drwm ddirgrynu nes mae'r aer o fewn y drwm yn atseinio. Mae pen llai, tynnach, yn rhoi nodyn uwch gan ddilyn yr un egwyddor â thant wedi ei ymestyn (tt.26-7). Dyma sut mae tiwnio tympanau mewn cerddorfa i nodau arbennig. Mewn offerynnau taro eraill fel symbal neu ruglen gall yr holl gorff ddirgrynu i greu sain. Mewn offerynnau â thraw pendant fel y seiloffon, mae bariau neu glychau o wahanol faint yn cael eu taro i seinio nodau pendant.

SEINDONNAU
Mae offerynnau taro'n dirgrynu i greu sain. Pan gaiff wyneb offeryn ei daro mae'n dirgrynu mewn patrwm mor gymhleth nes ei bod yn aml yn anodd ei fesur. Mae'r set yma o luniau wedi eu cynhyrchu gan gyfrifiadur i ddangos patrwm dirgryniadau trwy groen wedi ei ymestyn, fel ar ben drwm. Mae'r holl ddilyniant yn digwydd mewn ffracsiwn o eiliad. Gwyrdd sy'n dangos lefel gynta'r croen; glas sy'n dangos y rhannau o'r croen sydd o dan y lefel honno, a choch yw'r rhannau sydd uwch ei ben. Yn y llun cyntaf, canol y croen sy'n cael ei daro. Mae seindon yn ymestyn allan mewn cylch fel ton a gaiff ei chreu wrth i garreg ddisgyn i bwll o ddŵr. Yna mae'n taro'n ôl o ochrau'r croen lle mae wedi ei glampio i ymyl y drwm, ac yn cynhyrchu patrymau dirgrynu. Aiff y patrymau'n fwy fwy cymhleth wrth i'r tonnau bwaog groesi ei gilydd a tharo'n ôl o'r ochrau drachefn.

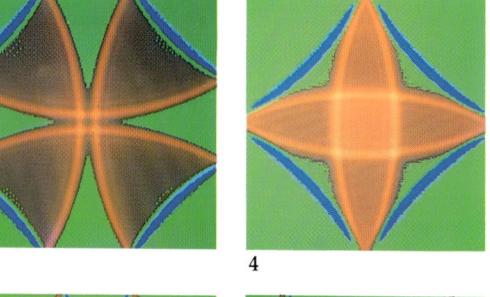

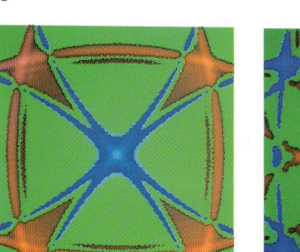

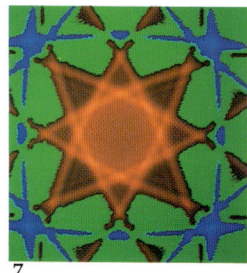

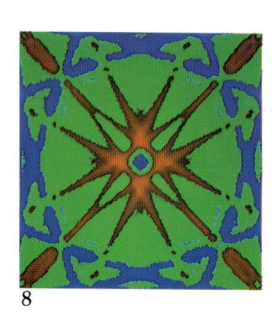

Ochrau'r symbal yn dirgrynu mor gyflym nes i'r llun gymylu

DIRGRYNIADAU DA

Disg denau o bres wedi ei dal yn y canol fel bod yr ochrau'n rhydd i ddirgrynu yw'r symbal. Ceir sŵn crash uchel wrth i'r symbal gael ei daro â ffon. Mae'r gwrthdrawiad yn peri i'r ddisg fetel ystumio rywfaint, ond gan ei bod yn hyblyg mae'n neidio'n ôl ac yn gwneud i'r ddisg gyfan blygu'n ôl a blaen, yn union fel y croen drwm (chwith). Mae'n cymryd peth amser i'r dirgryniadau beidio. Mae taro'r symbal mewn mannau gwahanol yn amrywio'r sain, oherwydd bod gwahanol fathau o batrymau dirgrynu yn cael eu creu.

Disg bres denau wedi'i dal ar ei chanol

Defod a rhythm

Ar wahân i'r ymdrech gorfforol o daro drwm mae'r gerddoriaeth a ddaw ohono yn aml yn cynhyrchu ei hegni ei hun. Mae'n creu rhyw nerth sy'n gwneud i bobl siglo eu cyrff a churo eu traed a'u dwylo. Mae ysgwyd rhuglenni a rhygnu ar offerynnau'n aml yn help i godi'r hwyl. Ond nid creu cerddoriaeth yw unig bwrpas offerynnau o'r fath. Mae drymiau a rhuglenni wedi chwarae rhan bwysig mewn defodau ar hyd yr oesau, a gall drymiau sy'n 'siarad' anfon negesau am gryn bellter.

Drwm wrth wddf drwmwr o Affrica

DRYMIAU BACH
Dyma ddrymiau bychain sy'n hanner-drwm a hanner-rhuglen. Mae troelli'r goes yn egnïol yn peri i'r gleiniau ar y cortynnau ysgwyd yn ôl a blaen a tharo pennau'r drwm i greu sain rhuglo. Mae'n bosibl defnyddio gleiniau gwydr, pelenni o gŵyr neu hyd yn oed gylymau ar y cortynnau. Mae'r *t'ao-ku* o China â'i bum drwm yn mynd yn ôl 3,000 o flynyddoedd. Offeryn o India yw'r llall. Mae drymiau rhuglen, neu ddrymiau pelenni, yn gyffredin yn Asia. Cânt eu defnyddio fel teganau neu gan werthwyr stryd i dynnu sylw.

Drwm rhuglen o India

Drwm rhuglen o China

Llanc o Affrica yn chwarae pâr o ddrymiau conigol

Corff pren wedi'i addurno â chragen-crwban a pherl

RHYTHM DAWNS
Y *tabor* oedd drwm mwyaf cyffredin Ewrop yn yr Oesoedd Canol. Byddai'r drwmwr yn ei daro â ffon yn un llaw tra'n chwarae pib a ddaliai yn y llaw arall.

GORYMDEITHIO
Mae llawer o ddrymiau mewn band milwrol, a'r rhythm cyson yn helpu'r milwyr i orymdeithio. Mae'r drwm ar sling am gorff y drwmwr iddo fedru cerdded yn iawn.

Mae bysedd neu ffon yn taro'r croen

Mae gwasgu'r cortynnau'n cynyddu tensiwn y crwyn yn y ddau ben a'r nodau'n codi

DRWM YFED
Mae drymiau ffiol, rhai ar siâp ffiol â drwm ar un pen, yn boblogaidd yn y gwledydd Arabaidd. Dyma *darabuka* o'r Aifft. Mae'r 'ffiol' o grochenwaith neu bren. Rhaid taro'r drwm ar ei ganol ac ymylon y croen â'r ddwy law.

TARO GAIR
Mae'r *kalengo* hwn o Nigeria yn enwog am ei allu i 'siarad'. Wrth wasgu'r cortynnau am ganol main y drwm gall y drwmwr godi neu ostwng cywair y nodyn. Mae'r sain yn adlewyrchu seiniau iaith Affricanaidd.

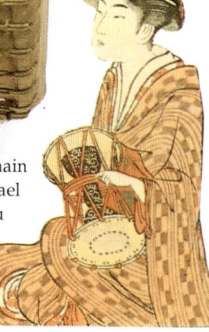

YMAFLYD CORTYN
Drwm bychan o Japan â chanol main yw'r *tsuzumi*. Mae un llaw yn gafael yn y cortynnau sy'n uno'r pennau llydain ac yn gwasgu neu'n rhyddhau'r cortynnau i amrywio'r nodyn.

Rhuglenni

Rhaid ysgwyd rhuglen i gael sain ohoni. Caiff ei defnyddio'n aml yn nefodau llawer gwlad, i gadw curiad y symudiadau mewn dawnsfeydd. Dim ond pethau bychain caled megis cregyn ar linyn yw rhai ohonynt; caiff rhai eraill eu gwneud o raean, gleiniau neu hadau mewn blwch.

AR Y TU ALLAN
Pelenni ar gortynnau ar y tu allan i gicaion yw'r rhuglen hon o Nigeria.

RHUGLEN-BEN
Cafodd y rhuglen-ben hon o Ogledd America ei cherfio ar ffurf penglog dyn.

RHUGLEN AR FFON
Cregyn ffrwythau yn llawn o gerrig wedi eu gosod ar ffon hir yw'r rhuglen hon o Dde Affrica.

GRYM Y GYRRU
Un o bâr o ddrymiau sy'n gyrru'r *sitar* a'r *tambura* (tt.40-41) ymlaen mewn cerddoriaeth Indiaidd yw'r *tabla*. Mae'r drwmwr yn taro canol y croen â'i fysedd tra'n gwasgu â chledr ei law i amrywio'r cywair.

DRWM OLEW
Fel arfer, caiff drwm dur India'r Gorllewin ei wneud o ddrwm olew. Yn lle croen tynn, mae padell fetel gron wedi ei rhannu'n baneli a phob un yn cynhyrchu nodyn gwahanol wrth iddo gael ei daro. Mae set o badelli mewn band.

Tincial metel

Kapchen, pren wedi'i orchuddio â chroen, sy'n taro'r *nungu*

TINCIAL, TINCIAL
Dyma ddrwm anghyffredin, *nungu*, o Siberia. Golwg arno o'r gwaelod a geir yma. Yr enw ar y petheuach od sy'n hongian o'r bar yw *kungru*. Maent yn tincial fel tambwrîn wrth i'r drwm gael ei daro. Offeiriad, *shaman*, oedd yn chwarae'r *nungu*, a dibynnai ei bwerau hudol ar faint o *kungru* oedd ganddo. Mae patrymau coch croen y drwm yn cynrychioli'r uwchfyd a'r tanfyd. Yr enw ar ddrwm sy'n ddim ond croen wedi'i dynnu dros ffrâm agored yw drwm ffrâm.

Curiad cyson

NID OES YR UN CERDDOR yn fwy cyffrous i edrych arno na'r drwmwr mewn band roc neu *jazz*. Eistedda yng nghanol amrywiaeth o ddrymiau a symbalau, ei draed a'i ddwylo'n symud yn ddi-baid, yn annog y chwaraewyr eraill ymlaen â dim ond egni'r curiad i'w helpu. Dyma set sylfaenol o ddrymiau, ond mae llawer o ddrymwyr yn defnyddio mwy o offerynnau, rhai'n defnyddio dau ddrwm bas, un i bob troed! Yn ogystal ag egni diddiwedd mae'n rhaid i ddrwmwr fod yn drefnus i fedru chwarae sawl offeryn yr un pryd. Yn aml bydd yn chwarae'r het-uchel ag un llaw a'r symbal reid ag un droed, a'r drwm cortynnau a'r drwm bas â'r llaw a'r droed arall – y cyfan yr un pryd mewn rhythmau gwahanol!

HET-UCHEL
Pâr o symbalau ar stand. Mae gwasgu'r pedal yn eu cau â chlash swta. Gall y drwmwr daro'r symbal uchaf â'i ffyn i wneud iddo atseinio, ac yna'i atal â'r pedal.

Symbal rhydd i swingio a dirgrynu

SYMBAL 'CRASH'
Mae enw'r symbal hwn yn awgrymu'r sain a ddaw ohono pan gaiff ei daro â ffon. Ef sy'n rhoi uchafbwynt dramatig i ddarn o gerddoriaeth. Mae'r symbal hwn yn crogi o stand y gellir ei gymhwyso.

Symbal uchaf

Allwedd gymhwyso uchder

Allwedd densiwn

Symbal isaf

DRWM CORTYNNAU
Mae set o gortynnau o'r enw maglau (o'r golwg yn y llun) ar draws gwaelod y drwm hwn. Maent yn dirgrynu yn erbyn y pen isaf, neu'r croen, pan gânt eu taro gan ychwanegu crac siarp at sŵn y drwm. Mae modd eu rhyddhau â lifer.

Mowntin y cortynnau

BUDDY RICH
Dyma Buddy Rich yn ei gwman dros ei ddrymiau yn annog ei fand ymlaen ag egni anhygoel. Dechreuodd Rich ddrymio pan oedd yn ddeunaw mis oed; ymddangosodd ar lwyfan gyda'i rieni dan yr enw 'Baby Traps'. Bu'n ddrwmwr ar hyd ei oes gan dreulio'r 20 mlynedd diwethaf yn arwain ei fand mawr grymus.

Pedal het-uchel

WEDI EI DDAL
Wrth i'r llun hwn gael ei dynnu chwaraeodd y drwmwr fwrlwm cyflym ar hyd pedwar tom-tom wedi eu gosod ar ddau ddrwm bas. Dengys ailfflachio chwim y camera mor llyfn y defnyddia'r drwmwr ei ffyn.

Damper sy'n cymhwyso, i amrywio hyd y sain

DAU DOM-TOM
Mae'r ddau dom-tom, drymiau bychain sy'n rhoi nodau meddal uchel eu traw, ar ben y drwm bas. Mae modd defnyddio damper ar un pen y rhain.

TOM LLAWR
Daw nodyn dwfn cyseiniol o'r tom-tom mawr hwn. Gall y drwmwr chwarae tom-toms â gordd neu eu taro â chledrau'r dwylo.

REIDIO
Caiff hwn ei chwarae yn aml â ffon i greu rhythm 'reidio'.

Gordd   Ffon

Brws (blew plastig neu wifren)

FFON, GORDD A BRWS
Caiff y drwm a'r symbal eu chwarae gan amlaf â ffon, gordd a brws. Y cyntaf a'r ail sy'n rhoi'r sain gryfaf tra mae brws yn dawelach.

DRWM BAS
Mae hwn yn gorwedd ar ei ochr a chaiff ei chwarae â phedal sy'n cysylltu â ffon pen-ffelt. Sain 'thyd' sydyn, dwfn a ddaw ohono.

Pedal drwm bas

Traed rwber i'w ddal yn gadarn ar y llawr

53

Apêl yr adran daro

Gall nodau yn ogystal â synau ddiasbedain o offerynnau taro. Ceir set gyfan o nodau wrth daro clychau o wahanol faint, neu fariau o bren neu fetel. Mae'r *belltowers* a'r *carillons*, yr offerynnau mwyaf, yn tywallt rhaeadrau o nodau a thiwniau i'r stryd islaw. Ar ben arall y raddfa gall ychydig o fariau ar ffrâm, neu hyd yn oed wedi eu gosod ar draws y coesau, gynhyrchu seiniau cerddorol hyfryd, sy'n soniarus a rhythmig yr un pryd.

CLOCH DDWBL
Dyma gloch ddwbl o Orllewin Affrica; cloch fetel wedi ei gorchuddio â deunydd. Caiff ei tharo â'r darn pren i greu dau nodyn gwahanol.

Ffon bren

CLYCHSEINIAU
Câi clychseiniau eu gwneud o slabiau o garreg yn Oes y Cerrig. Dyma *po-chung* o China. Mae'r gloch yn rhan o glychsain, set o glychau yn crogi ar ffrâm a gâi eu taro â ffon. Caent eu defnyddio yn seremoni'r temlau fel symbolau ffrwythlondeb. Câi gwahanol nodau eu seinio i ddynodi tymhorau'r flwyddyn.

Cadwyn grogi
Stydiau'n cynrychioli tethau

Clychsain o gongiau Burma

CURO'R CANOL
Mae cloch yn cynhyrchu'r dirgryniadau mwyaf pan gaiff ei tharo ar ei chantel ond mae gong yn cael ei grogi gerfydd ei gantel a'i daro ar y canol. Mae'n cael ei ddefnyddio i roi arwydd, rhybudd i giniawa efallai, ond gall ei drwst swnio'n fygythiol mewn cerddoriaeth gerddorfaol. Mae gongiau'n boblogaidd yn neddwyrain Asia. Dyma un o Borneo wedi ei addurno â bwystfilod dychmygol. Cânt eu chwarae'n aml mewn setiau fel y clychseiniau crwn o Wlad Thai a Burma.

Cortyn cynnal

Strapen ledr i'w dal yn un llaw

Tafod

CLYCHAU LLAW
Bu'r rhain yn boblogaidd er y 12fed ganrif. Dyma ddwy gloch o set o glychau, pob un wedi ei thiwnio i wahanol nodyn o'r raddfa. Ym mhob cloch mae tafod sy'n taro'r cantel gan wneud iddo atseinio â 'chlang'. Mae grŵp o glochyddion yn canu'r clychau mewn trefn arbennig.

Ffon guro â phen corcyn

Y bwlyn canol i'w daro â'r ffon

Blocyn Chineaidd uchel

Blocyn Chineaidd canolig

Ffyn taro

Pysgod pren cerfiedig

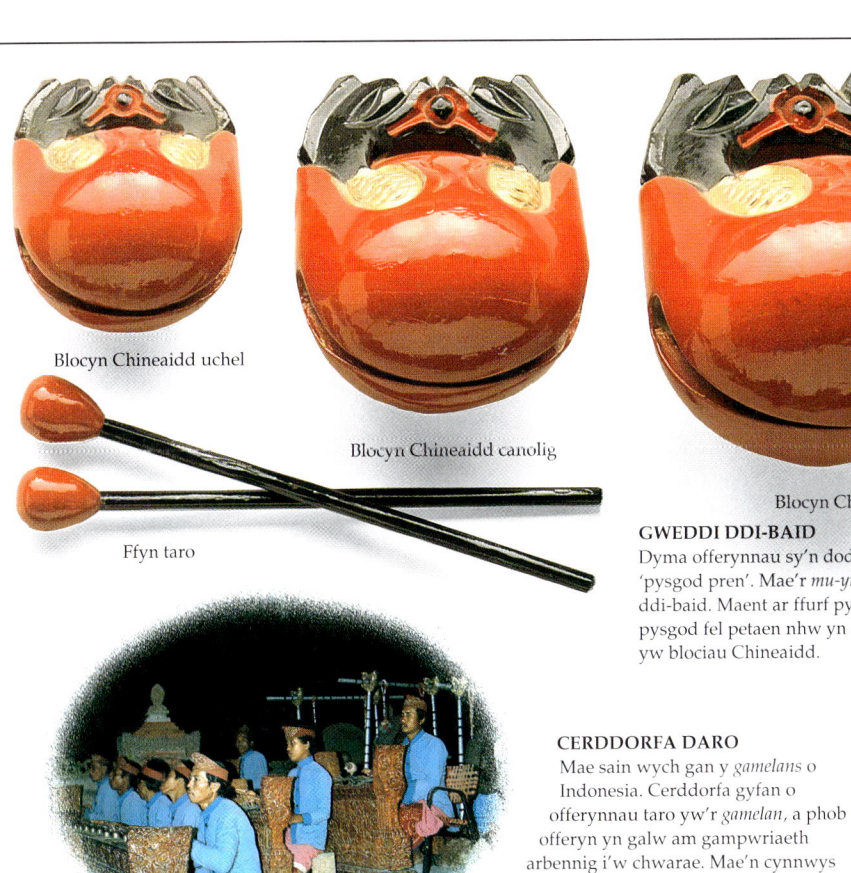

Blocyn Chineaidd isel

GWEDDI DDI-BAID
Dyma offerynnau sy'n dod o China, y *mu-yus*, sef 'pysgod pren'. Mae'r *mu-yus* yn symbol o weddi ddi-baid. Maent ar ffurf pysgod gan nad yw pysgod fel petaen nhw yn cysgu. Enw arall arnynt yw blociau Chineaidd.

CERDDORFA DARO
Mae sain wych gan y *gamelans* o Indonesia. Cerddorfa gyfan o offerynnau taro yw'r *gamelan*, a phob offeryn yn galw am gampwriaeth arbennig i'w chwarae. Mae'n cynnwys setiau o gongiau a metaloffonau, offerynnau tebyg i'r seiloffon ond bod y bariau'n bres ac wedi eu gosod mewn fframiau addurnol.

CLYMAU TAFOD
Mae llawer o offerynnau De a Chanolbarth America yn tarddu o Affrica. Mae'r *sansa* (piano bawd) hwn yn profi'r cysylltiad. Rhaid twangio'r tafodau metel â'r bodiau i wahanol hyd y tafodau roi nodau gwahanol. Mae'r corff siâp cwch a'r pen cerfiedig yn nodweddiadol o Orllewin Affrica, ond daw'r offeryn hwn o lannau uchaf Afon Amazonas.

Rhaid taro bar pren yn crogi wrth gortynnau â ffyn

Cyseinydd cicaion i chwyddo sŵn y bar

Chwaraewr seiloffon o Affrica yn cludo'i offeryn wrth strapen wddf

Disg o bres addurnol

TARO'R BAR
Caiff yr *ilimba* o Zimbabwe ei ddefnyddio mewn defodau hela a lladd anifail. Ni ddaw cerddoriaeth ohono ond mae'n dangos sut mae seiloffon (de) ac offerynnau taro traw pendant fel y feibraffon yn cynhyrchu sain. Caiff bar pren ei hongian uwchben siambr neu diwb agored. Mae bwrw'r bar yn peri iddo ddirgrynu, ac mae'r dirgryniadau hyn yn peri i'r aer yn y siambr gyseinio gyda thôn gau sy'n mwyhau'r sain.

SŴN PREN
Dyma seiloffon (gair Groeg am 'sŵn pren') o Sierra Leone yng Ngorllewin Affrica. Mae cicaionau gwag â thyllau yn eu hochrau wedi eu gorchuddio â philen oddi ar wyau pryfed cop, o dan y bariau pren. Mae'r pilenni'n ychwanegu sŵn suo at sain y seiloffon.

Clang, crash, bang

Mae synau'n chwarae rhan bwysig mewn llawer math o gerddoriaeth. Bydd dawnswyr gwerin yn curo dwylo i guriad y gerddoriaeth, a bydd sawl offeryn taro'n cynhyrchu sain heb nodyn na thraw pendant iddo. Mewn llawer o gerddoriaeth, yn enwedig yn Ne a Chanolbarth America, bydd cerddorion yn taro, ysgwyd neu ruglo'r math o offerynnau a welir yma. Mae rhythmau bywiog y synau'n gorgyffwrdd i roi curiad dawns grymus. Mae'n bosibl defnyddio 'synau' o'r fath i gyfleu teimladau arbennig. Gall tapio'n ysgafn ar ddrwm swnio'n fygythiol tra mae bwrlwm drwm yn ddramatig.

Còg
Tafodau

TANIO GWN
Wrth i goes y rhuglen gòg gael ei throi mae'r còg yn taro'r tafodau pren gan glecian yn uchel. Cafodd ei defnyddio gan Beethoven i ddynwared gynnau'n tanio yn ei *Symffoni Brwydr*.

Gleiniau dur

RHUGLEN DDUR
Rhuglen o Dde America yw'r *cabaca* ('cabasa' yw'r ynganiad) â gleiniau dur wedi eu llinynnu ar y tu allan.

Chwibanogl heddlu
Chwibanogl trên

DAU BETH AR Y TRO
Gall chwaraewr offerynnau taro roi chwythad byr, ysgrechlyd ar chwibanogl i bwysleisio rhythm tra'n chwarae offeryn arall â'i ddwylo. Gall wneud effeithiau sŵn chwibanogl, e.e. mae'r chwibanogl dri-nodyn (de) yn swnio fel chwibanogl trên.

GLEINIAU A HADAU
Pâr o ruglenni o Dde America yw'r *maracas*. Hadau rhydd mewn cicaion gwag oedden nhw un tro ond mae'n bosibl eu gwneud o bren a'u llenwi â gleiniau. Cânt eu hysgwyd â dwy law fel arfer.

Hadau mewn plisgyn gwag

CLAFIAU CIWBA
Dwy ffon fer o bren yw'r *clafia* o Cuba. Cânt eu taro yn erbyn ei gilydd i roi sŵn 'crac' swta. Mae'n swnio'n hawdd ond mae'n rhaid i amseru'r rhythm fod yn berffaith.

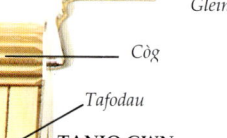

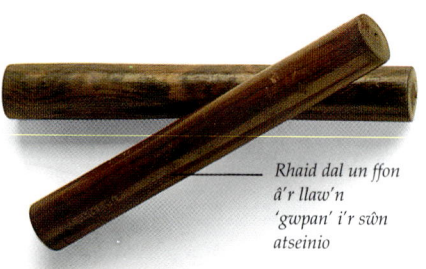

Rhaid dal un ffon â'r llaw'n 'gwpan' i'r sŵn atseinio

YSGYDYDD
Mae llawer o offerynwyr mewn bandiau taro'n defnyddio ysgydyddion, tiwbiau gwag yn llawn gleiniau (tebyg i'r *maracas*) sy'n cael eu hysgwyd i rythm bywiog. Mae'n bosibl gafael mewn ysgydydd rhwng y bysedd tra'n chwarae offeryn arall.

Tincialyn mewn slot

TAMBWRÎN
Drwm bychan â thincialau wedi eu gosod mewn ffrâm yw tambwrîn. Caiff ei addurno â rubanau'n aml, a'i ddal a'i chwarae wrth ddawnsio. Mae dawnsiwr yn ei dapio â'i fysedd, ac yn ei ysgwyd neu ei daro yn erbyn ei gorff. Mae'n bosibl llithro bawd gwlyb o amgylch ymyl y tambwrîn i gael sain bwrlwm. Yn y *ballet Petrushka*, mae Stravinsky am i offerynnwr taro ollwng tambwrîn ar y llawr!

Mae pwyso pen pob tafod yn creu'r sain

CASTANETAU
Rhaid dal y tafodau pren yn y dwylo. Gall offerynwyr cerddorfaol ddefnyddio peiriant castanét (uchod).

Pâr o gastanetau wedi eu clymu â chortyn

Dawnswraig flamenco â chastanetau

56

Cortyn cynnal

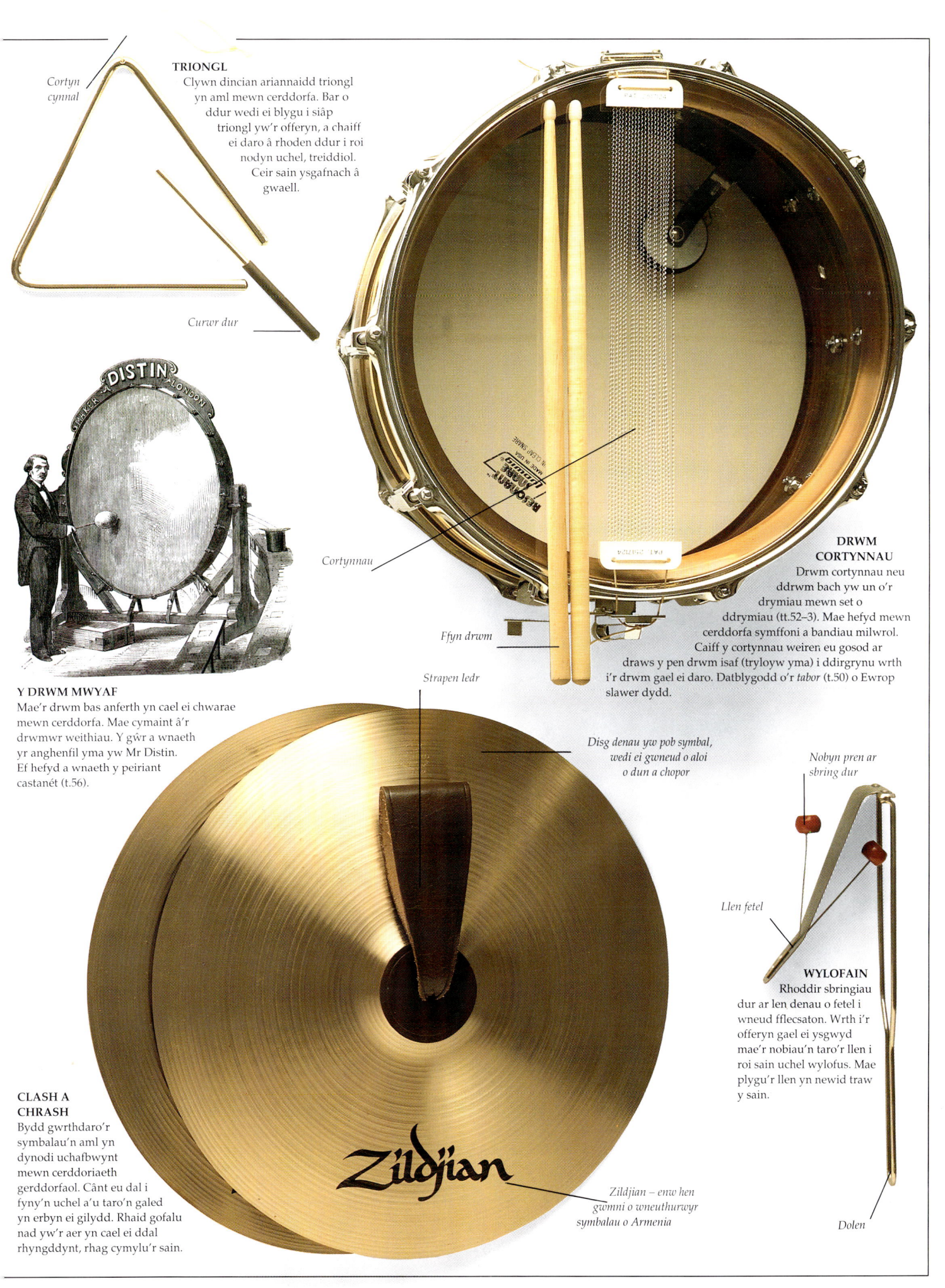

TRIONGL
Clywn dincian ariannaidd triongl yn aml mewn cerddorfa. Bar o ddur wedi ei blygu i siâp triongl yw'r offeryn, a chaiff ei daro â rhoden ddur i roi nodyn uchel, treiddiol. Ceir sain ysgafnach â gwaell.

Curwr dur

Cortynnau

DRWM CORTYNNAU
Drwm cortynnau neu ddrwm bach yw un o'r drymiau mewn set o ddrymiau (tt.52–3). Mae hefyd mewn cerddorfa symffoni a bandiau milwrol. Caiff y cortynnau weiren eu gosod ar draws y pen drwm isaf (tryloyw yma) i ddirgrynu wrth i'r drwm gael ei daro. Datblygodd o'r *tabor* (t.50) o Ewrop slawer dydd.

Ffyn drwm

Strapen ledr

Y DRWM MWYAF
Mae'r drwm bas anferth yn cael ei chwarae mewn cerddorfa. Mae cymaint â'r drwmwr weithiau. Y gŵr a wnaeth yr anghenfil yma yw Mr Distin. Ef hefyd a wnaeth y peiriant castanét (t.56).

Disg denau yw pob symbal, wedi ei gwneud o aloi o dun a chopor

Nobyn pren ar sbring dur

Llen fetel

WYLOFAIN
Rhoddir sbringiau dur ar len denau o fetel i wneud fflecsaton. Wrth i'r offeryn gael ei ysgwyd mae'r nobiau'n taro'r llen i roi sain uchel wylofus. Mae plygu'r llen yn newid traw y sain.

CLASH A CHRASH
Bydd gwrthdaro'r symbalau'n aml yn dynodi uchafbwynt mewn cerddoriaeth gerddorfaol. Cânt eu dal i fyny'n uchel a'u taro'n galed yn erbyn ei gilydd. Rhaid gofalu nad yw'r aer yn cael ei ddal rhyngddynt, rhag cymylu'r sain.

Zildjian – enw hen gwmni o wneuthurwyr symbalau o Armenia

Dolen

Cerddoriaeth drydanol

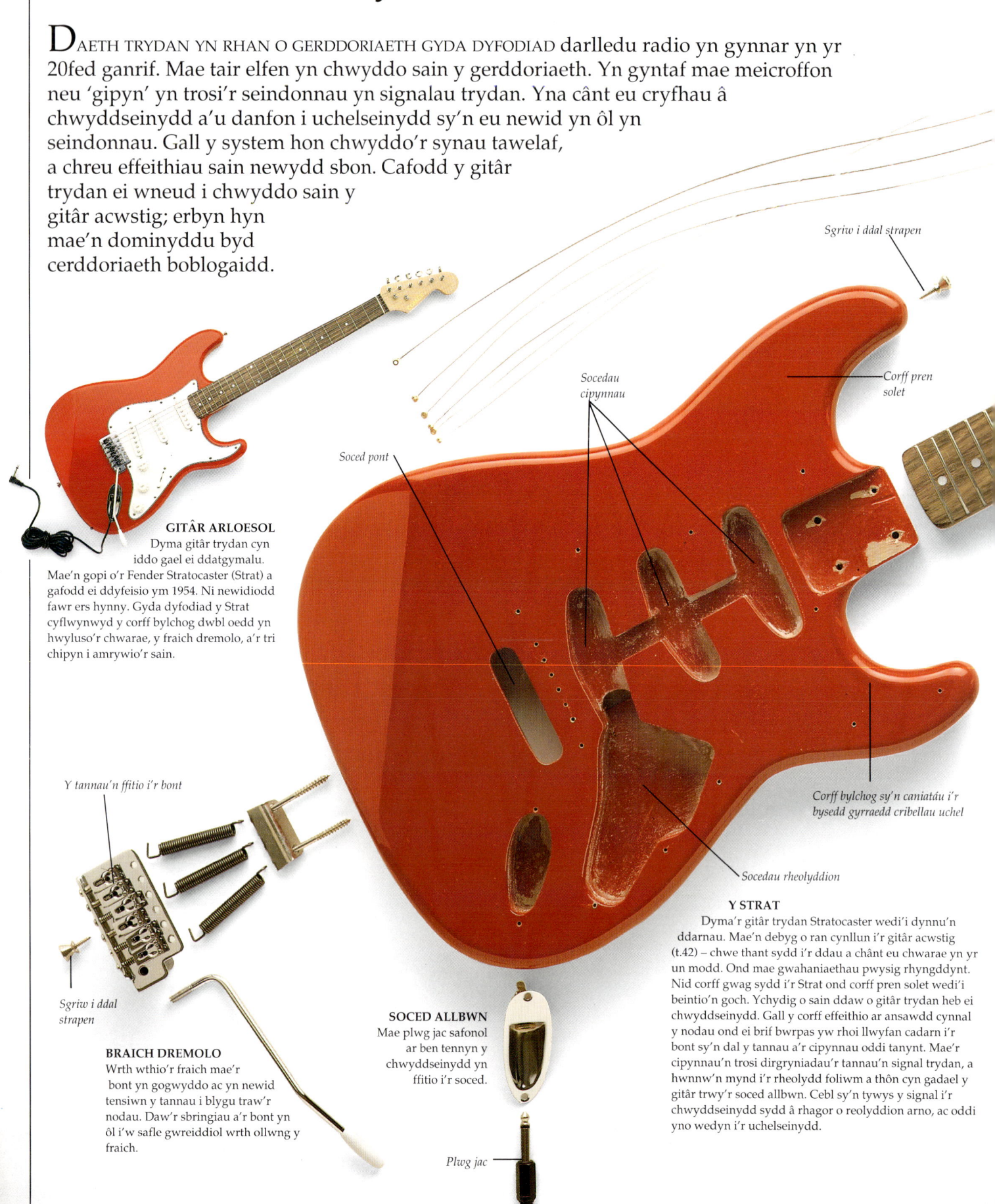

Daeth trydan yn rhan o gerddoriaeth gyda dyfodiad darlledu radio yn gynnar yn yr 20fed ganrif. Mae tair elfen yn chwyddo sain y gerddoriaeth. Yn gyntaf mae meicroffon neu 'gipyn' yn trosi'r seindonnau yn signalau trydan. Yna cânt eu cryfhau â chwyddseinydd a'u danfon i uchelseinydd sy'n eu newid yn ôl yn seindonnau. Gall y system hon chwyddo'r synau tawelaf, a chreu effeithiau sain newydd sbon. Cafodd y gitâr trydan ei wneud i chwyddo sain y gitâr acwstig; erbyn hyn mae'n dominyddu byd cerddoriaeth boblogaidd.

GITÂR ARLOESOL
Dyma gitâr trydan cyn iddo gael ei ddatgymalu. Mae'n gopi o'r Fender Stratocaster (Strat) a gafodd ei ddyfeisio ym 1954. Ni newidiodd fawr ers hynny. Gyda dyfodiad y Strat cyflwynwyd y corff bylchog dwbl oedd yn hwyluso'r chwarae, y fraich dremolo, a'r tri chipyn i amrywio'r sain.

Sgriw i ddal strapen

Socedau cipynnau

Soced pont

Corff pren solet

Y tannau'n ffitio i'r bont

Corff bylchog sy'n caniatáu i'r bysedd gyrraedd cribellau uchel

Socedau rheolyddion

Y STRAT
Dyma'r gitâr trydan Stratocaster wedi'i dynnu'n ddarnau. Mae'n debyg o ran cynllun i'r gitâr acwstig (t.42) – chwe thant sydd i'r ddau a chânt eu chwarae yn yr un modd. Ond mae gwahaniaethau pwysig rhyngddynt. Nid corff gwag sydd i'r Strat ond corff pren solet wedi'i beintio'n goch. Ychydig o sain ddaw o gitâr trydan heb ei chwyddseinydd. Gall y corff effeithio ar ansawdd cynnal y nodau ond ei brif bwrpas yw rhoi llwyfan cadarn i'r bont sy'n dal y tannau a'r cipynnau oddi tanynt. Mae'r cipynnau'n trosi dirgryniadau'r tannau'n signal trydan, a hwnnw'n mynd i'r rheolydd foliwm a thôn cyn gadael y gitâr trwy'r soced allbwn. Cebl sy'n tywys y signal i'r chwyddseinydd sydd â rhagor o reolyddion arno, ac oddi yno wedyn i'r uchelseinydd.

Sgriw i ddal strapen

BRAICH DREMOLO
Wrth wthio'r fraich mae'r bont yn gogwyddo ac yn newid tensiwn y tannau i blygu traw'r nodau. Daw'r sbringiau a'r bont yn ôl i'w safle gwreiddiol wrth ollwng y fraich.

SOCED ALLBWN
Mae plwg jac safonol ar ben tennyn y chwyddseinydd yn ffitio i'r soced.

Plwg jac

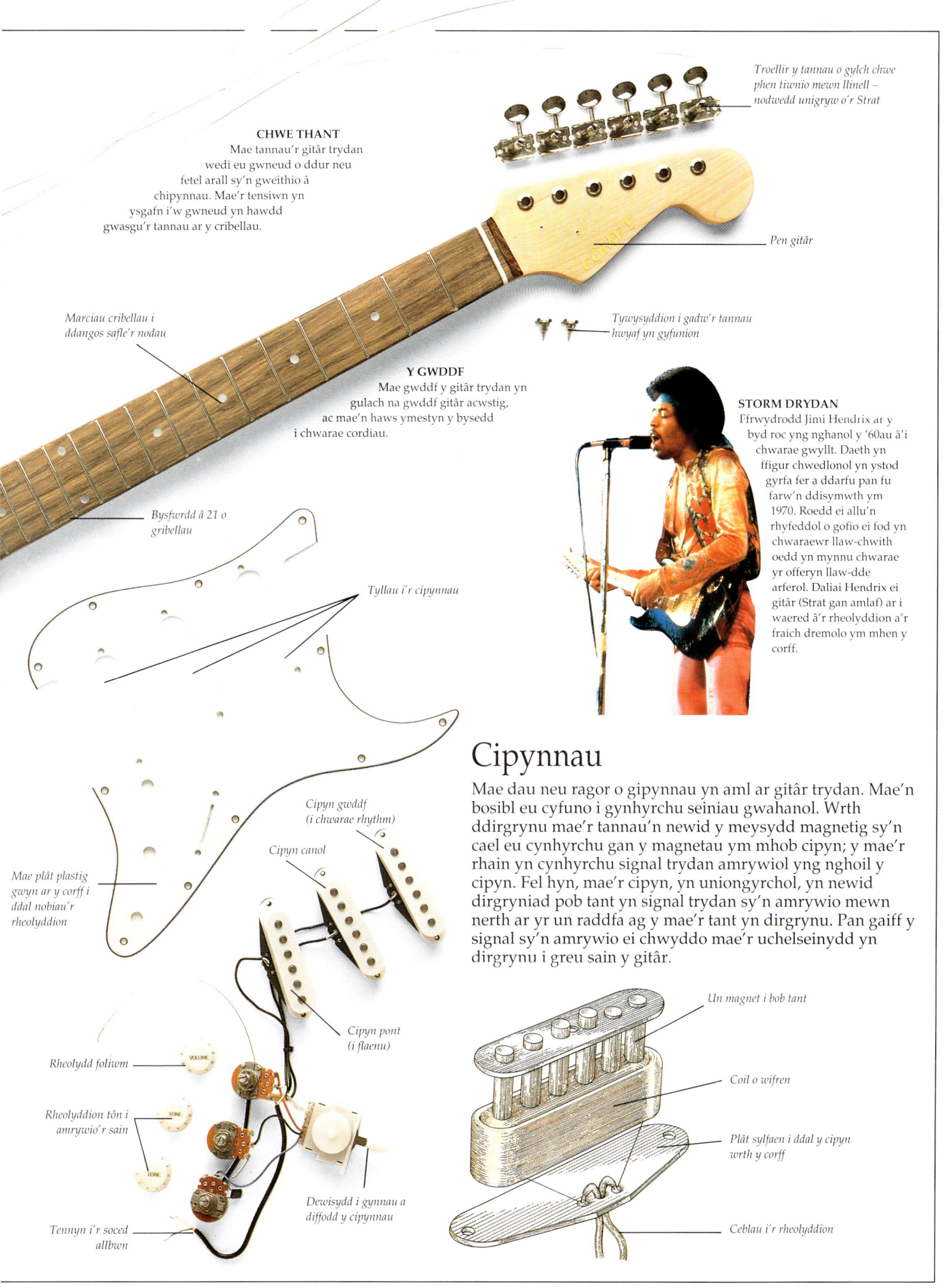

Troellir y tannau o gylch chwe phen tiwnio mewn llinell – nodwedd unigryw o'r Strat

CHWE THANT
Mae tannau'r gitâr trydan wedi eu gwneud o ddur neu fetel arall sy'n gweithio â chipynnau. Mae'r tensiwn yn ysgafn i'w gwneud yn hawdd gwasgu'r tannau ar y cribellau.

Pen gitâr

Marciau cribellau i ddangos safle'r nodau

Tywysyddion i gadw'r tannau hwyaf yn gyfunion

Y GWDDF
Mae gwddf y gitâr trydan yn gulach na gwddf gitâr acwstig, ac mae'n haws ymestyn y bysedd i chwarae cordiau.

STORM DRYDAN
Ffrwydrodd Jimi Hendrix ar y byd roc yng nghanol y '60au â'i chwarae gwyllt. Daeth yn ffigur chwedlonol yn ystod gyrfa fer a ddarfu pan fu farw'n ddisymwth ym 1970. Roedd ei allu'n rhyfeddol o gofio ei fod yn chwaraewr llaw-chwith oedd yn mynnu chwarae yr offeryn llaw-dde arferol. Daliai Hendrix ei gitâr (Strat gan amlaf) ar i waered â'r rheolyddion a'r fraich dremolo ym mhen y corff.

Bysfwrdd â 21 o gribellau

Tyllau i'r cipynnau

Cipynnau

Mae dau neu ragor o gipynnau yn aml ar gitâr trydan. Mae'n bosibl eu cyfuno i gynhyrchu seiniau gwahanol. Wrth ddirgrynu mae'r tannau'n newid y meysydd magnetig sy'n cael eu cynhyrchu gan y magnetau ym mhob cipyn; y mae'r rhain yn cynhyrchu signal trydan amrywiol yng nghoil y cipyn. Fel hyn, mae'r cipyn, yn uniongyrchol, yn newid dirgryniad pob tant yn signal trydan sy'n amrywio mewn nerth ar yr un raddfa ag y mae'r tant yn dirgrynu. Pan gaiff y signal sy'n amrywio ei chwyddo mae'r uchelseinydd yn dirgrynu i greu sain y gitâr.

Cipyn gwddf (i chwarae rhythm)

Cipyn canol

Mae plât plastig gwyn ar y corff i ddal nobiau'r rheolyddion

Cipyn pont (i flaenu)

Un magnet i bob tant

Rheolydd foliwm

Coil o wifren

Rheolyddion tôn i amrywio'r sain

Plât sylfaen i ddal y cipyn wrth y corff

Dewisydd i gynnau a diffodd y cipynnau

Tennyn i'r soced allbwn

Ceblau i'r rheolyddion

59

Gitarau roc

Y GITÂR TRYDAN sy'n rhoi ei sain unigryw i gerddoriaeth roc. Yn y rhan fwyaf o fandiau mae dau neu dri ohonynt – y gitâr blaen sy'n chwarae'n unigol; gitâr rhythm sy'n chwarae'r rhythm sigl yn gefndir i'r gitâr blaen a'r canwr (yr un person gan amlaf); a'r gitâr bas sy'n pwnio llinell fas gref allan i annog y band ymlaen. Ychwanegwch bŵer set o ddrymiau (tt.52–3) at yr holl drydan, a dyna gerddoriaeth roc yn ei holl ffurfiau. Gan nad yw corff solet y gitâr trydan yn cynhyrchu'r sain, mae'n bosibl ei lunio mewn unrhyw siâp sy'n gyfforddus i'w ddal. Mae gitarau roc mewn siapiau, lliwiau a defnyddiau hynod, ond mae'r rhan fwyaf o'r 'sêr' yn rhoi'r flaenoriaeth i'r miwsig ac yn defnyddio offerynnau safonol.

Y 'V HEDEGOG'
Cwmni Gibson oedd arloeswyr y gitâr trydan. Doedd yr offeryn cyntaf (1935) yn ddim mwy na gitâr Sbaenaidd â chipyn arno, a'i enw oedd *Electric Spanish*. Ym 1957 dyfeisiodd y cwmni gipyn â dau goil i atal sŵn hymian. Gwerthodd y cwmni, oedd yn prysur ddirywio ar y pryd y gitâr *Gibson Flying V* (1958) i geisio adfywio ychydig. Roedd steil hynod y corff yn llwyddiannus, er ei fod yn anodd ei ddal wrth chwarae. Mae'r offeryn arbennig hwn, y V Hedegog (1958 cynnar) yn offeryn i'w gasglu erbyn hyn.

Tannau'n mynd trwy gefn y corff yn y model cynnar hwn

Dau gipyn atal hymian yn rhoi sain dew nodweddiadol o'r gitarau Gibson

Corff pren solet siap V

Soced allbwn

Braich dremolo Bigsby

Y BEATLES
Dyma grŵp roc mwyaf llwyddiannus y '60au; grŵp roc clasurol yn cynnwys dau gitâr roc (George Harrison ar y gitâr blaen a John Lennon ar y gitâr rhythm - uchod), gitâr bas (Paul McCartney) a drymiau (Ringo Starr).

GITÂR GWAHANOL
Nid corff solet sydd i bob gitâr. Mae rhai gitarau lled-acwstig â chyrff gwag a seindyllau siâp 'f' fel rhai'r feiolin (t.32). Eddie Cochran a wnaeth y gitâr lled-acwstig Gretsch 6120 yn enwog. Mae enw'r canwr gwlad Chet Atkins ar blât y gitâr arbennig hwn (1957). Mae ganddo fraich dremolo Bigsby, cynllun gwahanol i'r fraich Fender a roddwyd gyntaf ar y gitâr Stratocaster (t.58).

60

JIMMY PAGE
Dyma'r dyn a sefydlodd y grŵp Led Zeppelin ym 1968. Roedd yn adnabyddus am y 'wal' bwerus o sŵn gitâr a ysbrydolodd y steil 'metel trwm' o gerddoriaeth roc. Page oedd y cyntaf i ddefnyddio bwa ar gitâr trydan a thynnu seiniau anghyffredin o'r offeryn.

SŴN LLITHRO
Gitâr trydan ar stand yw gitâr dur pedal. Mae'r gitarydd yn creu sŵn llithro wrth symud bar dur i fyny ac i lawr y tannau.

Trysiad dur i gryfhau'r gwddf

GITÂR DU
Cynlluniodd y gitarydd Les Paul gitâr trydan clasurol i Gibson ym 1952. Canlyniad hyn oedd cyfres o fodelau yn cynnwys y gitâr du gwych hwn. Mae'n debyg mai'r Les Paul a'r Fender Stratocaster yw'r gitarau roc sy'n cael eu defnyddio amlaf heddiw.

SUPREME 40 V
Mae'r Supreme 40 V yn offeryn anghyffredin iawn yr olwg ac yn un o lawer o gitarau plastig a gynhyrchwyd yn y '60au. Mae pedwar cipyn arno, a chwech o fotymau dethol ar hyd y pen i droi'r cipynnau ymlaen yn unigol neu mewn gwahanol gyfuniadau.

Pedwar tant i'w diwnio fel bas dwbl

Dau gipyn atal hymian

Seindwll mewn corff gwag

Dau gipyn

Botymau dethol

Pedwar cipyn

Peirianwaith tiwnio ar waelod y corff

UN DARN
Gitâr bas lluniaidd gan Steinberger, wedi ei wneud o ffibr gwydr a phlastig wedi eu hatgyfnerthu â ffibrau carbon. Mae'r corff yn gryf ac wedi ei adeiladu o un darn. Cynlluniwyd y corff heb ben ar y gwddf i wella'r sain.

GWNEUTHURWR ENWOG
Adeiladodd Leo Fender y gitâr cyntaf â chorff solet ym 1944. Yna aeth ymlaen i ffurfio'r cwmni Fender a gynhyrchodd y Stratocaster enwog ym 1954. Y *Broadcaster* ym 1948 oedd model cyntaf Fender. Cafodd ei ailenwi'n *Telecaster*. Yma, mae'r *Thinline Telecaster* lled-acwstig (1973).

Braich dremolo

Rheolyddion foliwm a thôn

61

Cerddoriaeth peiriant

EFALLAI MAI SEINIAU O BEIRIANNAU fydd prif elfennau cerddoriaeth y dyfodol. Nid yw'r syntheseisyddion a'r offerynnau electronig a welwch yma'n creu eu seiniau eu hunain; maent yn cynhyrchu signal sain trydanol sy'n dilyn cebl i chwyddseinydd ac uchelseinydd, fel ar y gitâr trydan (tt.58–9). Gall y peiriannau hyn gynhyrchu llawer math gwahanol o signalau sain a rhoi cwmpas eang o seiniau. Gallant ddynwared offerynnau eraill neu greu seiniau hollol newydd. Mae'r cyfrifiadur yn bwysig mewn cerddoriaeth electronig gan ei fod yn gallu rheoli peiriannau gwneud-cerddoriaeth. Gall hefyd greu'r gerddoriaeth a ddaw ohonynt.

Mae cydrannau electronig o dan y pad

PADIAU DRWM
Gall drymwyr, â set o badiau drwm, fod yn gerddorion electronig. Mae taro'r pad â ffon yn peri iddo gynhyrchu signal sain trydanol sy'n rhoi sŵn drwm trydanol.

Ffon safonol

BAND UN-DYN
Mae llawer o synau electronig mewn cerddoriaeth boblogaidd. Un o arloeswyr hyn yw'r Ffrancwr, Jean-Michel Jarre, un o'r cerddorion cyntaf i sefydlu cerddorfa electronig lle'r oedd yn perfformio'r holl gerddoriaeth ei hun. Erbyn hyn mae'n hawdd ei wneud â chyfrifiadur.

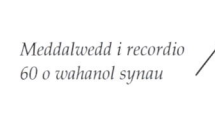

CYFRIFIADUR YN RHEOLI
Dyma gyfrifiadur cartref cyffredin. Mae modd ei gysylltu ag offerynnau electronig fel y rhai a welwch yma. Mae meddalwedd cerddoriaeth ar ddisgiau bychain yn galluogi'r cyfrifiadur i gadw, prosesu a chreu nodau cerddorol. Mae'n bosibl ei droi'n stiwdio recordio; gall gywiro nodau anghywir neu rai wedi eu camamseru. Gall hyd yn oed gyfansoddi.

Meddalwedd i recordio 60 o wahanol synau

Meddalwedd sy'n gwneud i'r cyfrifiadur gyfansoddi

LLAWFWRDD ELECTRONIG
Caiff y syntheseisydd hwn ei chwarae fel piano neu organ. Gall gynhyrchu pob math o seiniau real ac anarferol trwy weithio'r rheolyddion uwch y nodau. Mae'r panel yn dangos pa seiniau sydd wedi eu dewis. Nid yw pob syntheseisydd gitâr yn cael ei chwarae fel gitâr, ond mae tynnu'r tannau yn rhoi cwmpas eang o seiniau trydanol.

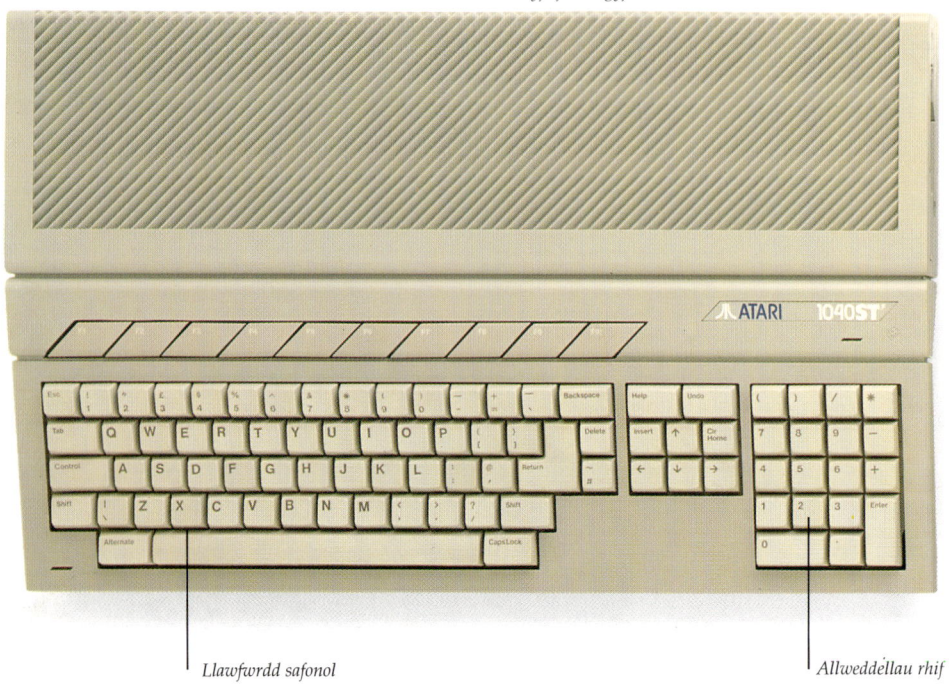

Llawfwrdd safonol

Allweddellau rhif

SYNTHESEISYDD CHWYTH

Gall chwaraewr chwythbrennau, fel chwaraewr sacsoffon, greu synau electronig â'r offeryn chwyth electronig hwn. Mae'n chwythu i'r cetyn ceg ar ei ben ac yn byseddu'r bysellau fel pe bai'n chwarae sacsoffon. Mae chwythu'n galetach yn cynhyrchu mwy o sŵn. Gall chwaraewr da roi mwy o fynegiant yn y miwsig â'r math hwn o syntheseisydd nag â llawfwrdd electronig.

Bysellau'r llaw chwith

MIDI
Gall tennyn Midi (Musical Instrument Digital Interface) gysylltu offerynnau electronig, eangyddion a chyfrifiaduron, mewn unrhyw gyfuniad. Mae'r Midi'n ddolen safonol i'w defnyddio ar offer o wahanol wneuthuriad.

Bysellau'r llaw dde

Tennyn cysylltiol sy'n anfon signal rheoli i'r modwl sain

EHANGYDD
Mae 160 o seiniau yn y blwch du hwn. Caiff ei gysylltu â chyfrifiadur neu offeryn electronig. Wrth i'r offeryn gael ei chwarae mae seiniau'n dod o'r blwch ac yn ehangu cwmpas sain yr offeryn.

MODWL SAIN
Mae'r syntheseisydd chwyth yn anfon signal rheoli i'r modwl sain pan gaiff ei chwythu. Yna bydd hyn yn peri i'r signalau sain trydanol sy'n mynd i'r chwyddseinydd a'r uchelseinydd gynhyrchu'r ystod o seiniau. Gall y chwaraewr weithio swits-troed i newid seiniau tra'n chwythu'r un pryd. Mae'n bosibl chwarae cordiau pedwar nodyn yn lle rhai unigol, hyd yn oed.

Panel arddangos

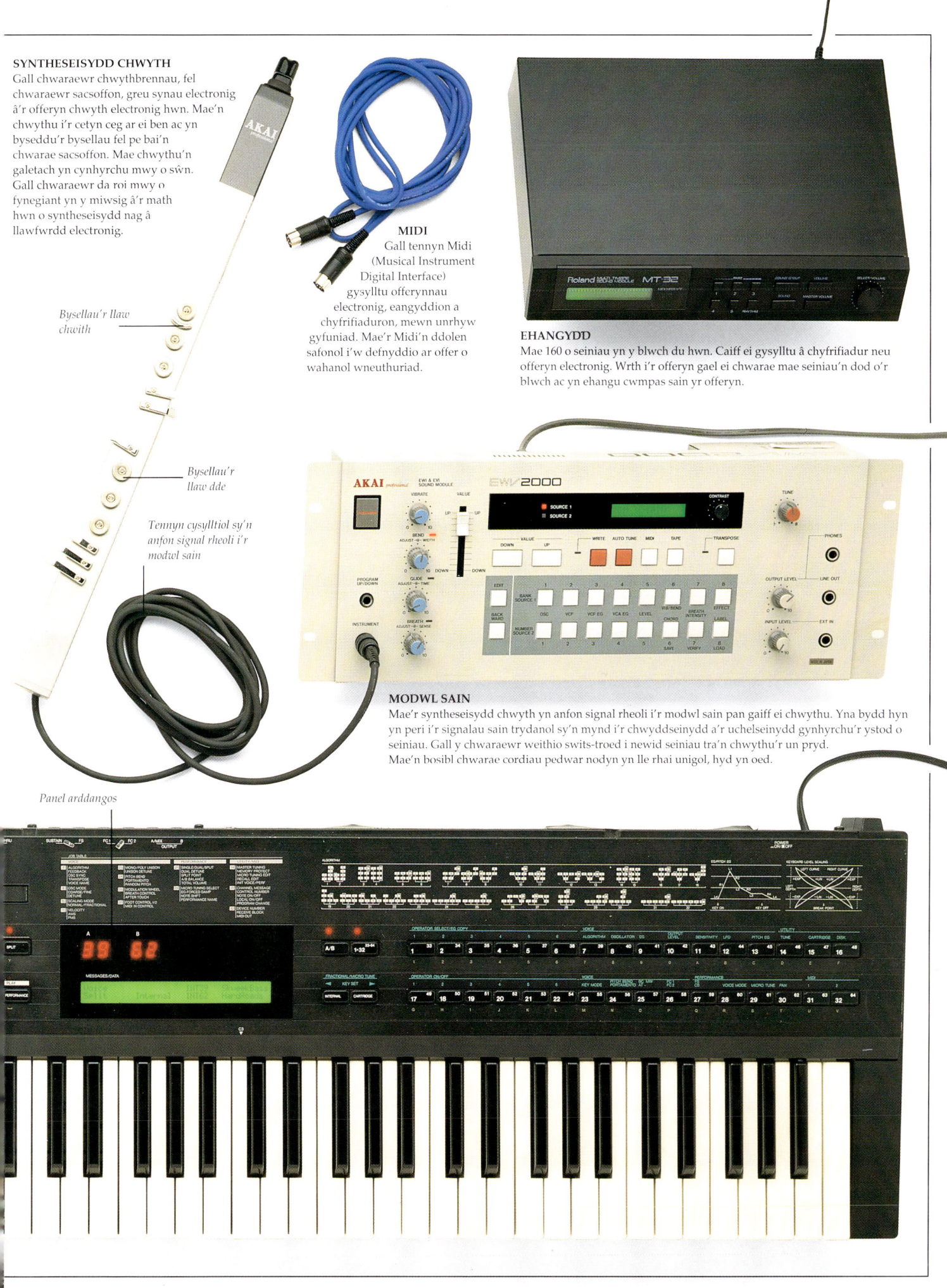

63

Mynegai

A
acordion, 16, 17
alpgorn, 21
Armstrong, Louis, 23

B
balalaica, 37
bandiau, 15, 22, 25, 50; milwrol, 14, 15, 24, 50; pres, 24
bandura, 39
bas dwbl, 30, 31
Basie, Count, band, 14
baswn, 9, 12–13
Beatles, 60
Bechet, Sidney, 15
beganna, 34
bin, 40
biniou, 16
biwa, 37
biwgl, 24
blocyn Chineaidd, 55
blychau ebill (liwt), 36
Boehm, Theobald, 11, 12
bombard, 16
bouzouki, 37
braich dremolo, 58
bwa, 26, 27, 28, 29, 30, 31, 33
bysellau (chwythbrennau), 11, 12, 13, 14, 15

C, Ch
cabaca, 56
castanetau, 56
cerddoriaeth drydanol, 58–9, 60–1
cerddoriaeth electronig, 62–3
cerddoriaeth roc, 60–1
cerddoriaeth werin, 10, 12, 16, 31, 37, 38, 42
cetynnau ceg, 8, 9, 12
charango, 36
cipynnau, 58, 59, 60, 61
clafia, 56
clarinét, 9, 12, 13, 24
clychau, 54
Cochran, Eddie, 60
colascione, 36
cor anglais, 13
corn Ffrengig, 9, 24
corn tenor, 24
cornet, 9, 22, 23
cornu, 20
Couperin, 45
Cristofori, Bartolommeo, 45
cyfrifiaduron, defnydd ohonynt, 62, 63
cyrn, 20, 21, 24
cyrs, 9, 12–13, 17; dwbl, 9, 13; rhydd, 17; sengl, 9, 12
chwibanogl, 10, 56
chwyddseinydd, 58, 62, 63
chwythbrennau: creu sain, 8–9, 16–17 *gweler hefyd enwau offerynnau unigol*

D
darabuka, 50
Davies, Miles, 23
defodau, defnydd o gerddoriaeth mewn, 50–1, 54, 55
didjeridu, 20
dilruba, 41
doppelflöte, 19
drymiau, 48, 50, 51, 52–3, 60; bas, 24, 53, 57; cortynnau, 52, 57; tom-tom, 53

E
Egan, John, 35
ehangydd, 63

F, Ff
falfiau: cylchdro, 24; piston, 9, 22, 23, 24
feiol, 28, 29
feiolin, 6, 26, 27, 28, 30; gwneuthuriad, 32–3; teulu, 30–1
Fender, Leo, 61
Fender Stratocaster, 58
fiola, 30
firdsinal, 44
flageolet, 10
flamenco, 42, 56
ffidl, 28, 29, 41
fflecsaton, 57
ffliwt, 6, 9, 10–11
ffonoffidl, 29
ffurfdonnau, 6–7

G
gamelan, 55
gitarau, 26, 27; acwstig (Sbaenaidd) 42–3; trydan, 58–9, 60–1
gong, 6, 54

H
harmoni, 26
harmonica, 16, 17
harpsicord, 44
Hendrix, Jimi, 59
Hoffmann, Johann Christian, 36

I
ilimba, 55

J
Jarre, Jean–Michel, 62
jazz, 12, 14, 15, 22, 23, 30, 31, 46

K
kalengo, 50
koto, 38

L, Ll
Liszt, Franz, 46
liwt, 36–7; India, 40, 41
lung ti, 11
lyra, 26, 34
Lyttleton, Humphrey, band, 22
llawfyrddau, 44–5, 46–7; electronig, 62–3
llithr (trombôn), 22–3

M
mandolin, 37
maracas, 56
mayuri, 41
meicroffon, 58
metel trwm, 61
Midi, 63
modwl sain, 63
morin-khuur, 28
mudydd, 22, 23
mu-yus, 55

N
nabl, 39
nfir, 21
nobiau stop, 19
nodau, 6, 8, 26
nungu, 51

O
obo, 9, 13, 14
offerynnau cyrs, 12–13 *gweler hefyd* cyrs ac *enwau offerynnau unigol*
offerynnau chwyth *gweler* chwythbrennau
offerynnau electronig; offerynnau pres *gweler hefyd enwau offerynnau unigol*
offerynnau electronig, 62–3
offerynnau llinynnol: creu sain, 26–7; cynnar ac anarferol, 28–9; India a Pakistan, 40–1 *gweler hefyd enwau offerynnau unigol*
offerynnau pres, 20–1, 22–3, 24–5; creu sain, 8–9 *gweler hefyd enwau offerynnau unigol*
offerynnau taro: creu sain, 48–9, 54–5; mewn defodau, 50–1; rhythmau, 50–1, 56–7 *gweler hefyd enwau offerynnau unigol*
offerynnau trydan, 58–9, 60–1
organ bib, 18–19
organ geg, 17
Orpheus, 34

P
padiau drwm, electronig, 62
Paganini, Niccolo, 30
Page, Jimmy, 61
Paul, Les, 61
pedalau: piano, 47; telyn, 34
pedwarawd llinynnol, 30
piano, 26, 27, 44, 45, 46–7
pibau, 10 *gweler hefyd* organ bib
pibgodau, 16
picolo, 11
plectrwm, 34, 37, 43, 44
pochette, 29
po-chung, 54
Pythagoras, 26

Q
qanum, 39
qin, 38

R, Rh
rajao, 37
rebec, 28
Rich, Buddy, 52
rhuglenni, 48, 50, 51, 56
rhythm, 50–1, 56

S
sacsgorn, 15, 24
sacsoffon, 9, 12, 14–15, 24, 63
sain, creu: offerynnau chwyth, 8–9, 16–17; offerynnau llinynnol, 26–7; offerynnau taro, 48–9, 54–5 *gweler hefyd* seiniau
san xian, 37
sansa, 55
sarangi, 41
sarff, 21
saung-gauk, 35
Sax, Adolphe, 14, 15, 24
seiloffon, 48, 55
seindonnau, 6, 9, 27, 48, 58
seindyllau, 26, 27, 29, 31, 33, 35, 37, 60, 61
seinflychau, 34, 35, 38
seinfyrddau, 26, 27, 41, 42, 46
seiniau, 6–7, 10, 26, 48, 58
shakuhachi, 10
shamisen, 37
Shankar, Ravi, 41
shawm, 12, 13, 20
sheng, 17
sielo, 26–7, 30, 31
sitar, 26, 41, 51
sither, 38, 39
Sousa, John Philip, 25
sousaphone, 25
spined, 44, 45
Steinberger, 61
Stradivarius, 30
Stroh, Charles, 29
Supreme 40 V, 61
symbalau, 6, 48, 49, 52, 57; crash, 52, 57; het-uchel, 52; reid, 52, 53
synau, 6, 56–7
syntheseisydd, 62, 63

T
tabla, 40, 51
tabor, 50
tallharpa, 34
tambura, 41, 51
tambwrîn, 56
tannau, 26, 27, 34, 35, 36, 37, 38, 39, 43, 44, 45, 46, 47, 59; cydseiniol, 28, 40, 41; melodig, 28
t'ao-ku, 50
ta'us, 41
telynau, 26, 34–5
tiktiri, 13
tiwba, 9, 20, 24, 25
tôn, 26
Torres, 42, 43
traw, 6, 8, 9, 26, 27, 39
trawfforch, 6, 7
triongl, 57
trombôn, 9, 12, 20, 22–3
tsuzumi, 50
tympanau, 48
tzeze, 39

U
'ud, 36, 42
utgorn, 9, 20, 21, 22, 23
uchelseinydd, 58, 59, 62, 63

V
valiha, 39
vina, 40
viola d'amore, 28

Y
yang qin, 38
ysgydyddion, 56

Cydnabyddiaethau

Hoffai'r cyhoeddwr ddiolch i:
Amgueddfa Horniman, Llundain a Dr Frances Palmer a staff yr Adran Astudiaethau Cerddorol am eu cymorth.
Amgueddfa Pitt Rivers, Prifysgol Rhydychen, a Dr Hélène La Rue a staff yr Adran Ethnogerddoreg am eu cymorth.
Phelps Cyf., Llundain a Rachel Douglas a Gerry Mckensie am eu cymorth.
Hill, Norman a Beard Cyf., Thaxted, ac Andrew Roe a Richard Webb am eu cymorth.
Bill Lewington Cyf., Llundain; Boosey a Hawkes Cyf., Llundain; Empire Drums and Percussion Cyf., Llundain; Simmons Electric Percussion Cyf., Llundain; Vintage and Rare Guitars Cyf., Llundain; John Clark;
Adam Glasser; Malcolm Healey; Chris Cross; John Walters am roi benthyg offer ac am eu cymorth.
Janice Lacock am waith golygyddol helaeth yng nghamau cyntaf y llyfr.
Tim Hammond am gymorth golygyddol.
Jonathan Buckley am gymorth ffotograffig.
Tetra Designs am wneud y modelau a ffotograffwyd ar dudalennau 6–7.

Cydnabyddiaethau lluniau
t = top   g = gwaelod   c = canol   ch = chwith   d = de

J. Allan Cash Cyf.: 19t, 24c, 50d, 51ch, 56g
Archifau E.T.: 8tch
Llyfrgell Luniau Barnaby: 13gd, 17td
Llyfrgell Gelfyddyd Bridgeman: 12tch, 16g, 21ch, 26g, 29d, 30t, 30c, 35td, 36tl, 38t, 40c, 50g
Douglas Dickens: 55c
Llyfrgell Luniau Mary Evans: 6d, 10tch, 11td, 11c, 15td, 18c, 19g, 20td, 22tch, 24g, 26t, 29t, 34td, 36tch, 37g, 38ch, 46c, 46g, 50tch, 50c, 54tch, 54c, 57c
Llyfrgell Luniau Fine Art Cyf.: 6cd, 22td, 36gch, 42t.
John R. Freeman: 29g
Ffotograffau Sonia Halliday: 18t, 36g
Robert Harding Associates: 6gch, 39t, 41t
Michael Holford: 8td, 28tch, 36c, 37c
Llyfrgell Hutchinson: 42d, 38c
Image Bank: 6td, 53t
London Features International Cyf.: 59d, 61tch, 62
Casgliad Mansell: 16tch, 17c, 20g, 21dc, 24t, 30ch
John Massey Stewart: 28cd, 37td
Yr Oriel Genedlaethol: 44ch
David Redfern: 23c, 52ch, 60c, 61td
Llyfrgell Luniau Sefton: 14c, 13gd, 22ch
Thames a Hudson Cyf.: 46t
Topexpress: 48gd

Arlunio gan Coral Mula, Will Giles a Sandra Pond
Ymchwil luniau gan Millie Trowbridge

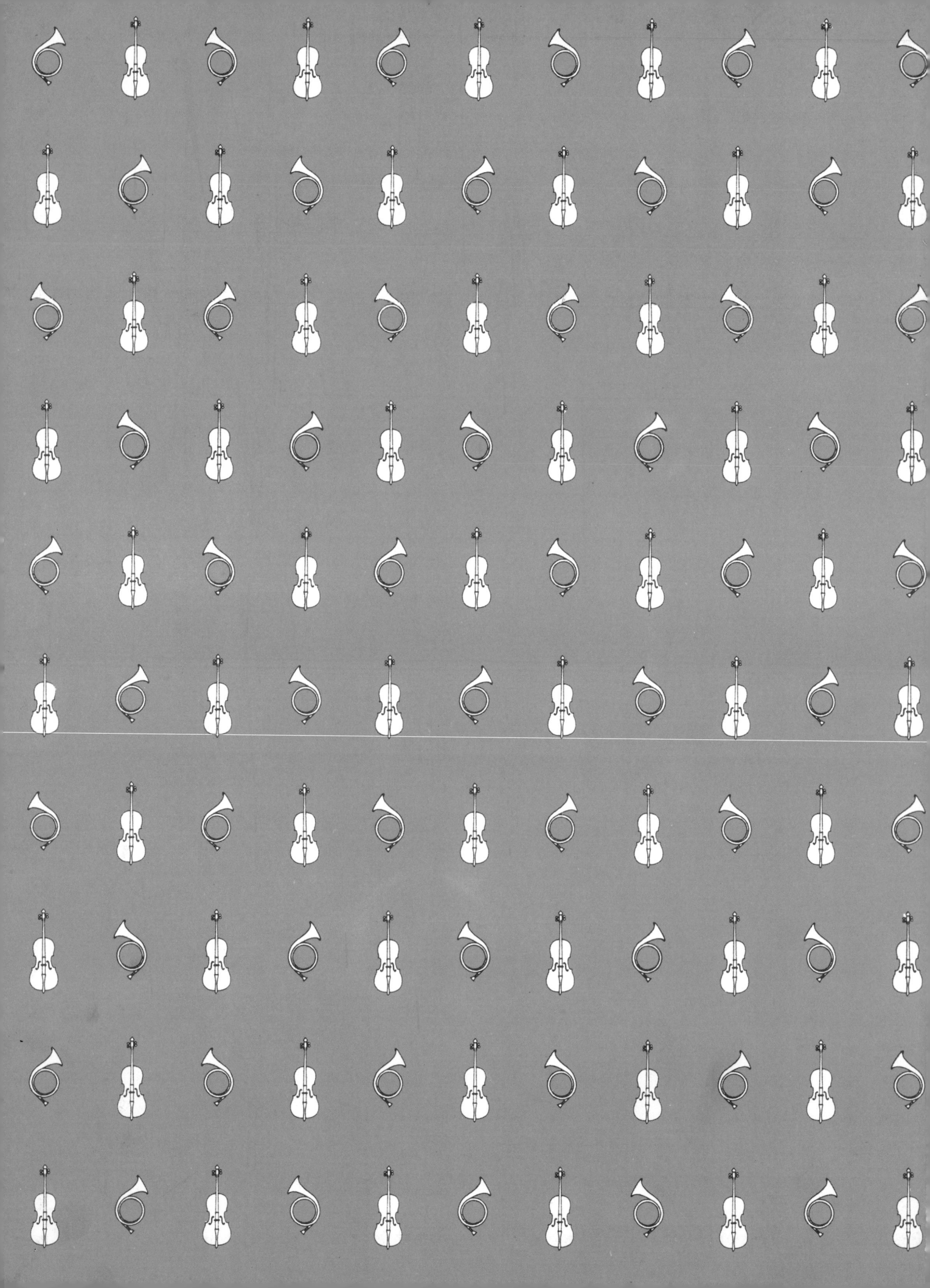